Peter Thiesen

Schlapplachtheater

Comedy mit Kindern, Jugendlichen und Erwachsenen

BELTZ
Taschenbuch

Besuchen Sie uns im Internet
http://www.beltz.de

Beltz Taschenbuch 37
Originalausgabe

2. Auflage

Lektorat: Richard Grübling
Herstellung: Lore Amann
Gesetzt nach den neuen Rechtschreibregeln
Satz: Satz- und Reprotechnik GmbH, Hemsbach
Druck: Druckhaus Beltz, Hemsbach
Umschlaggestaltung: Federico Luci, Köln
Umschlagfoto: Stefan Blume, Worms
Zeichnungen: Barbara Hömberg, Hamburg
Printed in Germany

ISBN 3-407-22037-5

Inhaltsverzeichnis

Liebe Leserin, lieber Leser!

Haben Sie ein – vielleicht noch schlummerndes – komisches Talent? Dann sollten Sie es in einer Spielgruppe gemeinsam mit anderen entdecken und ausbauen.

Selten gab es in den verschiedenen Fernsehprogrammen so viele Comedy-Sendungen wie heute. Gespielter Witz (Black-out), Parodie, Sketsch, Satire und Kabarett haben Hochkonjunktur. Diese wahre Reizüberflutung durch kommerzielle Spaßprofis weckt den Wunsch nach Möglichkeiten, selber »Comedy« zu machen und der eigenen Fantasie und darstellenden Ausdruckskraft freien Lauf zu lassen.

Bei unserem »Schlapplachtheater« stehen weder Goethe, Schiller noch Shakespeare auf dem Programm, auch will es nicht dem großen Theater huldigen. Das Buch ist vielmehr ein prall gefüllter Werkzeugkasten mit mehr als 200 Improvisationen, Stegreifspielen, Black-outs und Sketschen, die sich zu Spielprogrammen, Workshops, Aufführungen und Comedyfesten zusammenstellen lassen.

Die Spiele des »Schlapplachtheaters« sprechen die individuellen körperlichen und sprachlichen Ausdrucksmöglichkeiten der Teilnehmer ebenso an wie ihre Gefühle, Fantasie und Spontaneität. Die zusammengestellten Spielangebote wollen die Spiellust anregen, den Blick der Teilnehmer für komische Situationen schärfen, Kommunikation und soziales Miteinander fördern. Das Buch möchte allen Spielleitern, insbesondere denen, die über keine Spielleiterausbildung verfügen, Hilfen, Tipps und Anregungen für die Arbeit in Gruppen geben. Alle können mitmachen: vom spielfreudigen Spaßmacher, Selbst- und Fremddarsteller bis zum theaterbegabten Naturtalent. Steigen Sie ein in unseren Comedy-Zug und begeben Sie sich mit Ihrer Gruppe auf Entdeckungsreise ins Land des »Schlapplachtheaters«.

Die deutsche Sprache ist eine der reichhaltigsten der Welt. Sie legt uns aber Beschränkungen auf, sobald wir versuchen, Damen und Herren gleichzeitig anzusprechen. Die männliche Form im Singular und Plural bezieht sich auf beide Geschlechter. Wenn also in diesem Buch von »dem Spieler«, »dem Teilnehmer«, »dem Spielleiter« die Rede ist, so ist auch immer die Spielerin, die Teilnehmerin, die Spielleiterin, diejenige, die ihm/ihr gegenübersitzt oder -steht, gemeint. Ich habe darauf verzichtet, jedes Mal beide, Damen und Herren, ausdrücklich anzusprechen. Danke für Ihr Verständnis.

Peter Thiesen

Comedy – Was ist das?

Lachen als Körper-Seele-Geist-Geschehen

Seit Jahren geistert der Begriff »Comedy« durch die Medienlandschaft, ohne dass jemand genau sagen kann, was das eigentlich ist. Selbst Duden und Lexikon verweigern dem Suchenden die Auskunft. Dennoch verbindet der Fernsehzuschauer mit Sendungen wie »Comedy-Klub«, »RTL Samstag Nacht«, »Harald und Eddy«, »Sketsch up«, »Die Wochenshow« oder »Spotlight« humorvolle Kleinkunst. Einer der Vorläufer dieser von Witz, Sketsch, Satire und gekonnter Blödelei getragenen Unterhaltung ist die 1968 ins Leben gerufene englische Comedy-Reihe »Monty Pythons Flying Circus«. Die eigentlichen Wurzeln der Comedy finden sich in der um 1650 in Italien entstandenen »Commedia dell'Arte«, die schon damals Vorbild für Posse und Lustspiel in anderen Ländern Europas war.

Comedy hat also mit Theater zu tun, mit Stegreifkomödie, Witz, Sketsch und pointierten Darbietungen. Bei der Comedy geht es temporeich zu. Ein »lustiger Vorfall«, ein »skurriles Geschehen«, ein »unglaublich schräger Nonsens« folgt dem anderen. Spielbarer Witz und Sketsch kommen schon mit einer kleinen aktiven Spielerzahl und einem geringen Aufwand an Bühne, Requisiten und Verkleidung aus.

Das Comedy-Spiel in der Gruppe ist gekennzeichnet durch das Erlebnis der Freude am eigenen Erfinden, Gestalten und Darstellen. Dies gilt sowohl für das Spiel in einer Workshop-Gruppe, als auch für das gezielte Erarbeiten einer Aufführung vor Publikum.

Comedy-Spiel im Sinne fantasievoller Improvisationen – dazu gehört auch die Veränderung von Dialogen und Handlungen vorgegebener Witze und Sketsche – kann bei den Teilnehmern Prozesse der Befreiung von inneren und äußeren Zwängen in Gang setzen. Bei diesem Vorgang stehen Comedy und Lachen in einem unmittelbaren Zusammenhang. Dieses Lachen, ob mit einem Denkanstoß verbunden oder als Ventil, hilft der körperlich-seelisch-geistigen Gesunderhaltung und führt gleichsam zur Entspannung. Im gespielten Witz, im Sketsch wie im Kabarett besitzt Lachen Gestalt, Gestaltung und Gestaltwirkung. Und meist ist das durch Improvisations- und Textspiel ausgelöste Lachen vom Grundsatz her ein Lachen über sich selbst, denn es geht um uns, unsere Macken und mehr oder minder liebenswürdigen Eigenheiten, denen der Spiegel wie eine »schmunzelnde Erkenntnislehre« vorgehalten wird. Wer denkt hierbei nicht an den wohl brillantesten Vertreter des deutschen Sketsches, Loriot alias Vico von Bülow, dessen Sketsche, wie z.B. »Die Nudel«, »Das Klavier« oder »Der Lottogewinner«, auf geradezu klassische Weise deutlich machen, welche Lächerlichkeit in scheinbar bitterernstem oder gar würdevollem menschlichem Verhalten stecken kann.

Peter Ustinov, der große Komödiant, Schauspieler und Schriftsteller hat einmal das Lachen als »die zivilisierteste Form des menschlichen Geräuschs« bezeichnet. Dem wäre nur hinzuzufügen, dass ein Tag ohne Lachen ein verlorener Tag ist.

Das »Schlapplachtheater« ist ein probates Mittel gegen verlorene Tage!

Spielpädagogische Überlegungen

Spielleitung, Teilnehmer, Spielräume ...

Es gibt verschiedene Möglichkeiten und Methoden, eine Spielgruppe an die Darstellungsformen des »Schlapplachtheaters« heranzuführen und selber »Comedy« zu machen. Wenn Sie als Spielleiter mit noch spielunerfahrenen Teilnehmern beginnen, werden Sie zunächst versuchen, eine Atmosphäre zu schaffen, in der es Spaß bringt, mit anderen zu spielen.

Das gelingt am ehesten, wenn man als Spielleiter selbst Lust und Freude am Comedy und Theaterspiel hat. Darüber hinaus stellt das aus der Fantasie gestaltete Spielen mit Kindern, Jugendlichen und Erwachsenen einige Anforderungen an die Spielleitung. Eine ganz wesentliche ist, dass die Spielleitung sich für ihre Spieler interessiert und sie als Individuen akzeptiert. Sie soll das Spiel nicht beherrschen, sondern in Offenheit und, so weit wie möglich, im Einverständnis mit den Teilnehmern einfühlsam und geduldig lenken. Die Spielleitung gibt Impulse, wenn sich die Spieler einmal im Improvisations- oder Textspiel festgefahren haben. Dann sollte sie Ideen, Repertoire, Fragen und Vorschläge bereithaben, auf Nuancen und alternative Spielvarianten hinweisen können. »Ideale« Spielleitungen spielen selbst mit, haben pädagogisches und psychologisches Geschick, verstehen Spaß und können Begeisterung wecken.

»Schlapplachtheater« lässt sich frei oder gebunden spielen. Beim freien Spiel sind den Akteuren keine Grenzen gesetzt. Alle Themen können aufgegriffen werden. Beim gebundenen Spiel (z.B. Kabarett) bestehen Regeln, die den Spielrahmen bestimmen. Damit sich eine ungezwungene Atmosphäre entwickeln kann und sich die Spieler nicht blockiert fühlen, lassen wir während der ersten Spielphasen auch die Zuschauer weg, die nicht zur Spielgruppe gehören. Das

Darstellen vor fremdem Publikum *kann*, *muss* aber nicht immer Ziel sein.

Wer mit einer Gruppe darstellende Spielformen des »Schlapplachtheaters« erarbeiten möchte, wird mit ihr versuchen, schrittweise aufbauende Erfahrungen zu sammeln.

Für die Spielpraxis eignet sich gut das »Vier-Phasen-Modell«:

1. Phase		
Ziel	Kennen lernen (bei fremden Teilnehmern), Lockerung, Einstieg mit einfacheren Spielformen	Spielformen: Spiele zur Auflockerung mit interaktivem Charakter (Warm-ups), bewegungsaktive Spiele
2. Phase		
Ziel	Weiterhin Lockerung, Verbesserung der Ausdrucksmöglichkeiten, Erwerb spieltechnischer Fertigkeiten, Situationskomik erleben	Spielformen: sprachliche und pantomimische Spiele (Ratespiele), spontane Erzähl- und Diskussionsspiele, Improvisation, Parodie
3. Phase		
Ziel	Verbesserung und Erweiterung der Spieltechniken, Vertiefung und Erweiterung der verbalen und nonverbalen Ausdrucksmöglichkeiten, Textvorlagen »schaubar und hörbar« machen	Spielformen: Stegreifspiel, Black-out, Sketsch, umfangreichere Textstücke, Parodie
4. Phase		
Ziel	Umfangreichere Spielgestaltungen, von der schützenden Spielgruppe zum Eigenversuch vor Publikum	Spielformen: Comedyaufführung, Kabarett, Werkstattaufführung, Video erstellen

Höhepunkt aller Bemühungen kann die Darbietung des Spielvorhabens vor einem Publikum sein (4. Phase). Sie lassen die geleistete Arbeit und die Fähigkeit zum Zusammenwirken einer Spielgruppe sichtbar werden. Der Applaus des Publikums ist dann für alle Beteiligten Belohnung, Streicheleinheit und Ansporn für weitere Projekte.

Der Spiel- bzw. Übungsraum, den die Gruppe benutzt, gleich ob in einer Freizeiteinrichtung, Schule, im Gemeindehaus oder in einer Wohnung, sollte ein ausreichendes Maß an Bewegungsfreiheit garantieren. Die Gruppe soll hier ungestört spielen und proben können, und es muss auch schon einmal lauter zugehen dürfen. Eine besondere Ausstattung des Spielraumes ist nicht nötig. Je leerer der Raum ist, umso besser. Einige Stühle und ein Tisch können für vielfache Zwecke verwendet werden. Bekleidung und Schuhe der Mitspieler oder Verkleidungsutensilien und Krimskrams, der von zu Hause mitgebracht wird, bieten sich als Requisiten an. Je öfter sich die Spielgruppe trifft, desto größer wird der »Theaterfundus«, der entweder in Koffern, Kartons oder – was ideal wäre – in einer kleinen »Kleiderkammer« gelagert wird. Ansonsten empfehlen sich für das Spiel praktische, unempfindliche Kleidung und bequeme Schuhe, in denen sich die Teilnehmer völlig frei bewegen können. Schminkmaterialien können, müssen aber nicht eingesetzt werden.

Für Aufführungen vor Publikum übernehmen die Mitspieler, die nicht auf der Bühne stehen, die technischen Aufgaben. In der technischen Vorbesprechung wird dann schon rechtzeitig geklärt, wer z.B. für Beleuchtung, Musik und Geräusche zuständig ist. Die Größe der Spielgruppe wird sich vor allem nach den Vorhaben, Spielthemen und räumlichen Möglichkeiten richten.

Wir spielen uns warm

Improvisation, Stegreif, Parodie

Das »Schlapplachtheater« beginnt mit Spielen, bei denen die Gruppenmitglieder miteinander in Kontakt kommen, sich kennen lernen und so eine vielleicht anfängliche Scheu vor darstellenden Spielformen verlieren. Dies ist besonders für Gruppen wichtig, die sich das erste Mal im Theaterspiel erproben wollen. »Warm-up«-Spiele helfen, in neuen, spielungeübten Gruppen das Kennenlernen zu beschleunigen, die Atmosphäre aufzulockern, schneller Spielbereitschaft und Spielspaß zu entwickeln. Ein »Warm-up« kann den Spielerinnen und Spielern zeigen, dass Spielen nicht nur sehr viel Spaß machen, sondern auch für den Einzelnen sehr interessant und erlebnisreich sein kann. Schon im ersten Spiel dieses Buches kann jeder Teilnehmer Verhaltensweisen an sich ausprobieren, die bisher in seinem Verhaltensrepertoire noch nicht vorhanden waren, indem er in die Rolle eines/einer anderen schlüpft. Kleine Warm-ups wirken auf die Mitspieler entkrampfend und auflockernd und lassen gar nicht erst Ängste vor möglicher »Blamage« aufkommen.

Anfängliche Hemmungen vor dem darstellenden Spiel bewältigen wir recht schnell,

- indem alle Spieler zur selben Zeit das Gleiche oder nacheinander das Gleiche tun. So fällt dem Einzelnen die Übernahme einer Rolle in der Regel leichter, da er nicht durch Beobachter verunsichert wird;
- wenn zunächst keine höheren Anforderungen gestellt werden. Das ermutigt die Spieler, später auch etwas schwierigere Rollen zu übernehmen;
- wenn der Spaß am Spiel – und der steht eindeutig im Mittelpunkt – eventuelle Ungeschicklichkeiten oder Fehler überdeckt und vergessen lässt.

Die Improvisations- und Stegreifspiele auf den nachfolgenden Seiten bilden eine schier unerschöpfliches Ideenreservoir, aus denen sich ohne weiteres ganze Kabarett-, Comedy- und Theaterabende entwickeln lassen. Gleichzeitig bieten die Spiele allen Teilnehmern genügend Freiräume, sich fantasievoll und kreativ mit verschiedenen Rollen, Typen und Situationen auseinander zu setzen.

Zur Einstimmung ins »Comedy«-Spiel eignen sich kleine Übungen zur Darstellung bestimmter Verhaltensweisen. Sie lassen sich mit Spielansätzen verbinden, die das individuelle Ausdrucksrepertoire in den Bereichen Bewegung, Mimik, Gestik und Sprache sichtbar machen. Diese Fähigkeiten können die Spieler in immer neuen Spielsituationen weiterentwickeln, und zwar durch das Spiel selbst und durch Beobachten, Verbessern, Einüben und Variieren.

Stegreif- und Improvisationsspiel gehören zu den besten spielerischen Möglichkeiten, Menschen einfallsreich, kreativ, lebendig, aktiv, lustvoll und froh zu machen. Die Vorstellungskraft der Akteure wird gesteigert, das Blickfeld geweitet, und mimischer und sprachlicher Ausdruck werden entwickelt und trainiert. Improvisationen sollten Bestandteil jeder Spielstunde sein. Ganz besonders in Gruppen, die sich mit Comedy, Kabarett und Theaterspiel beschäftigen, können sie Spielleitungen auch Aufschluss und Anregungen für Rollenbesetzungen geben. Nicht zuletzt hat schon mancher Spieler über das Improvisationsspiel versteckte Talente bei sich entdecken und ausleben können.

Bunte »Warm-up«-Welt

Bevor wir mit den ersten Improvisationsspielen so richtig loslegen, empfiehlt sich ein kleines »Warm-up«. Es soll eventuelle Hemmungen vor dem darstellenden Spiel abbauen. Ein Warm-up in der Theaterspielgruppe hat auch die Aufgabe, zunächst allen eine gemeinsame Aktivität zu ermöglichen, bevor es zu Spielsituationen kommt, an der nur einige oder einzelne Spieler aktiv beteiligt sind, während die anderen die Zuschauerrolle übernehmen. Kinder brauchen wesentlich seltener als Jugendliche oder Erwachsene Warm-ups.

Für unser Warm-up, das aus einer ganzen Reihe beliebig veränderbarer Aktivitäten besteht, benötigen wir einen Raum, der genügend Bewegungsfläche bietet. Nachdem wir alle Tische und Stühle zur Seite gestellt haben, gibt die Spielleitung Anweisungen, die von der Gruppe ausgeführt werden sollen. Etwa alle 30–60 Sekunden erfolgt eine neue Anweisung.

Die folgenden Beispiele lassen sich durch eigene Spielideen der Teilnehmer beliebig erweitern und variieren.

Spielleitung:

- Wir gehen durch die Fußgängerzone einer fremden Stadt und schauen uns die Gesichter der Menschen an.
- Wir haben in der Lotterie gewonnen und springen vor Freude durch den Raum. Wir springen ganz hoch, flippen richtig aus …
- Wir probieren jetzt verschiedene Gangarten aus. Wir gehen gelöst – gehemmt – rhythmisch – wie eine Marionette – wie ein Wackelpudding – mit einem ganz schweren Koffer …

- Unser Traumschiff ist untergegangen. Zum Glück konnten wir uns auf ein kleines Floß retten. Es ist sehr eng. Es wimmelt im Wasser von Haien …
- Wir befinden uns in einem fremden Land und begrüßen uns auf eine völlig neue Art …
- Jetzt sind wir alle Teilnehmer der Berliner »Love Parade« und bewegen uns zum eigenen Techno-Sound …
- Wir befinden uns nun in einer Gegend, in der das Gehen verboten ist. Erfindet neue Fortbewegungsmöglichkeiten …
- Stellt euch vor, dass quer im Raum ein schmaler Steg liegt, der über ein Gewässer führt, in dem gefräßige Krokodile lauern.
- Jeder geht jetzt mit einem großen Stapel höchst kostbarer Porzellanteller durch den Raum.
- Zu zweit wird ein Zeitlupen-Boxkampf durchgeführt.
- Wir suchen uns einen Partner. Einer ist eine Marionette, der andere der Marionettenführer.
- Wir schleichen … stampfen … kriechen … hetzen … rennen … tanzen … bummeln …
- Versetzt euch in einen Zwerg und geht als Zwerg weiter.
- Geht jetzt als Riese weiter.
- Wir stehen uns in zwei Gruppen gegenüber (größere Raumdistanz). Je zwei Spieler nähern sich auf unterschiedliche Weise: in normalem Tempo; schnell – sehr langsam; lachend; räuspernd; hustend; flüsternd; schreiend; so lautlos wie möglich.
- Wir nehmen an einem großen Empfang teil und schütteln viele Hände, immer mehr Hände …
- Alle gehen wieder gelöst durch den Raum.
- Tragt jetzt zu zweit eine Glasscheibe. Vorsicht! Stoßt nicht mit anderen zusammen.
- Auch das noch! Es regnet stark. Je zwei Spieler gehen unter einem recht kleinen Regenschirm.
- Der Regen wird zum Wolkenbruch. Was nun?
- Die Sonne ist wieder da, und wir gehen ruhig im Raum umher.
- Wir staksen wie ein Storch … tanzen wie ein Tanzbär … fressen wie ein Löwe …
- Wir trompeten wie ein Elefant … brummen wie ein Bär … piepsen wie eine Maus …

- Alle geben menschliche Äußerungen von sich: schnarchen … lachen … weinen … grinsen … toben …
- Wir gehen gelöst durch den Raum …
- Wir gehen als 90-jähriger, 30-, 10-, 2-Jähriger … Krabbelkind.
- Wir treffen Freunde, die wir seit zwei Jahren nicht mehr gesehen haben, und begrüßen uns.
- Wir gehen wieder durch den Raum.
- Je zwei Spieler nähern sich in der gleichen Rolle, z.B. als zwei Catcher … Schlafwandler … Ölscheichs … Einbrecher … Seiltänzer … Schimpansen … Wachsoldaten … Stiere … Tischtennis-Spieler … betrunkene Matrosen … Florett-Fechter … Sheriffs …
- Jetzt gehen wir gelöst durch sehr hohes Gras und pflücken dabei Blumen, die zu einem Strauß arrangiert werden. Wir riechen an den Blumen. Sie duften ganz intensiv …
- Wir räkeln uns im Liegestuhl in der Sonne …
- Die ganze Gruppe ist ein Luftballon. Wir bilden einen engen Kreis, gehen in die Hocke und fassen uns an den Händen. Langsam wird der Ballon aufgeblasen (alle pusten, gehen langsam höher), bis er platzt.
- Wir gehen durch den Raum und verabschieden uns voneinander, als wäre es für lange Zeit.

Tarzan trifft auf Claudia Schiffer

Material: vorbereitete Karten, Stecknadeln.

Anlässlich eines sehr großen Festes treffen sich sehr berühmte Persönlichkeiten. Wolfgang Amadeus Mozart kann ebenso dabei sein wie Gerhard Schröder, Harald Schmidt, Willi Brandt, Königin Elisabeth II. oder Otto Waalkes. So können Napoleon und Donald Duck aufeinander treffen oder sich Boris Becker, Asterix, Tarzan und Claudia Schiffer unterhalten.

Zu Beginn heftet die Spielleitung jedem Mitspieler mit einer Stecknadel eine ca. 6 x 10 cm große Karte, die den Namen einer prominenten Person trägt, auf den Rücken. Der Spieler selbst weiß nicht, wer er ist. Haben alle einen Namen erhalten, suchen Sie sich

Gesprächspartner, um zu erfahren, in wessen »Haut« sie gesteckt wurden. Durch einen Blick auf den Rücken seines Gegenübers weiß der Spieler, mit wem er es zu tun hat.

Gegenseitig werden jetzt Fragen gestellt und beantwortet, die Hinweise auf die »eigene« Identität geben (z.B.: Bin ich ein Mann/eine Frau? Bin ich ein Politiker oder Schauspieler? Lebe ich noch? Handelt es sich bei mir um eine fiktive Figur? usw.). Das Spiel ist beendet, wenn sich alle Spieler selbst erkannt haben. Sollte es für einzelne »Berühmtheiten« zu schwierig sein, sich zu erkennen, kann die Spielleitung kleine Hilfestellungen geben. Der Schwierigkeitsgrad der zu ratenden Prominenten sollte auf die Spielgruppe abgestimmt sein.

Stellt euch vor …

Material: eventuell einige Requisiten.

Die Spielleitung macht Spielvorschläge zu nicht alltäglichen Situationen, die möglichst spontan von den Teilnehmern in Kleingruppen nacheinander ausgeführt werden sollen.

1. Stellt euch vor, ihr sitzt im dunklen Wald zusammen, und jeder von euch ist ein übler Bösewicht. Ihr berichtet von euren Untaten, die ihr durchgeführt habt und neu plant.
2. Stellt euch vor, ihr seid Tiefseetaucher, die ein geheimnisvolles Wrack auf dem Meeresgrund entdecken. Ihr verständigt euch pantomimisch über mögliche Entdeckungen, geheimnisvolle Dinge, nahende Haie … und taucht irgendwann gemeinsam wieder auf.
3. Stellt euch vor, ihr seid als Schiffbrüchige auf eine einsame, unbewohnte Insel verschlagen und müsst euch hier nun für die nächsten Jahre einrichten …
4. Stellt euch vor, ihr sitzt im Eisenbahnabteil. In ihm befinden sich ein Betrunkener, ein Mörder, ein Zudringlicher, ein Schwarzfahrer, eine junge Frau, die sich die Finger- und Fußnägel manikürt, ein Kardinal, ein alter Herr mit Blähungen, ein Kind, das ständig zur Toilette muss …

Verwandlungszentrum

Die Spieler stehen im Kreis. In der Mitte des Kreises befindet sich das »Verwandlungszentrum«. Dort beginnt ein Spieler einen »komischen Kauz« darzustellen, z.B. ein nervös um sich schauendes Nervenbündel. Auf diese Weise geht er auf einen Mitspieler aus dem Kreis zu. Dieser übernimmt die dargestellte Rolle und entwickelt im »Verwandlungszentrum« eine neue Figur.

Variationen: Verschiedene Tiere werden in Bewegung und Lauten dargestellt. Oder: Die Spielleitung hat für einen Kassettenrekorder oder Schallplattenspieler mit flotter Musik gesorgt. Die Spieler stehen im Kreis. Einer von ihnen beginnt nach der Musik bestimmte Bewegungen auszuführen, die von allen anderen Spielern nachgemacht werden. Der »Bewegungserfinder« deutet nach einiger Zeit auf einen anderen Spieler, der nun neue Bewegungen kreiert.

Kuriose Dialoge

Je zwei Spieler sitzen Rücken an Rücken hinter einem Vorhang bzw. einer Stellwand und führen ein Gespräch. Dabei ist jeder Spieler ein Teil des vom Spielleiter vorgegebenen Paares. Beispiele für Paare, die sich miteinander unterhalten: Herdplatte – Topf, Seife – Lappen, Regen – Regenschirm, Hund – Hundeleine, Geld – Portmonee, Hose – Gürtel, Glatze – Kamm, Lötkolben – Draht, Flasche – Korken, Tee – Kanne, Zähne – Bonbon, Ampel – Autofahrer, Strumpf – Schuh, Nase – Taschentuch.

Bei diesem Spiel kommt es zu recht kuriosen Gesprächsinhalten.

Verzerrter Schatten

Die Spieler teilen sich in Paare auf. Der eine verfolgt den Spielpartner als dessen »Schatten« so, dass er dessen Gang etwas übertrieben nachahmt. Wenn er das Gefühl hat, seinen Partner gut zu imitieren, verfolgt wiederum dieser ihn mit derselben Aufgabe. Der Spieler übertreibt also noch einmal seinen eigenen übertriebenen Gang. Bei diesem Spiel kann man einen Teil der eigenen Rolle entdecken, den Schalk, den Clown, der wohl in jedem steckt.

Casting

Für die »Tagesschau« des Fernsehens werden neue Ansager gesucht. Einstellungsvoraussetzung ist beim »Casting« das Bestehen des »Zungenbrecher«-Tests.

Mehrere Kandidaten aus der Gruppe stellen sich dem Wettbewerb. Jeder Spieler erhält einen Zettel, der Schnellsprechsätze wie diese beinhalten kann:

- Zwischen zwei Zwetschgenzweigen zwitscherten zwei Schwalben.
- Metzger wetz dein Metzgermesser.
- Die Schleißer schleißen wohlgeschlissene Schleißscheite.
- Blaukraut bleibt Blaukraut, und Brautkleid bleibt Brautkleid.
- Die bunt gemalten Bürsten mit schwarzen Borsten bürsten besser als die Bürsten mit weißen Borsten.

Es können auch Nachrichtentexte aus einer Tageszeitung ausgeschnitten und den Kandidaten vorgelegt werden. Besonders anstrengend dürfte es z.B. beim Verlesen der Vor- und Zunamen einer koreanischen Fußballmannschaft werden. Sind alle Spieler einverstanden, können wir alle Ansagen mit einem Rekorder aufzeichnen und wieder abspielen. Der Reiz des Spiels wird so erhöht.

Berufs-ABC

Für unser kleines Berufs-ABC denkt sich jeder Spieler einen Beruf aus, den er vorspielen möchte. Dabei muss er allerdings darauf achten, dass sein Beruf mit dem richtigen Buchstaben beginnt.

Der erste Spieler stellt einen Beruf mit A (Autohändler), der zweite mit B (Bananenverkäufer), der dritte mit C usw. dar. Das Spiel sollte – unabhängig von der Teilnehmerzahl – durch das ganze Alphabet gehen.

Sinnliche Szenen

In dieser pantomimischen Spielfolge versuchen wir, unsere eigene Empfindungsfähigkeit ein wenig zu erforschen und zum Ausdruck zu bringen:

Sehen:	Ich sehe etwas Erfreuliches, Begehrenswertes, Ekelerregendes, Angstauslösendes, Beeindruckendes …
Hören:	Ich höre näher kommende bedrohliche Schritte … Ich höre eine beschwingte Musik … Ich höre eine Gruppe von Motorradfahrern …
Riechen:	Vor mir stehen Flaschen mit unterschiedlichem Inhalt: Medizin, Kaffee, ein wohlriechendes Parfüm, faule Eier …
Schmecken:	Ein scharf gewürztes Essen wird probiert, saures Obst wird gegessen, ein cremiges Eis genossen …
Tasten:	Meine Hände nähern sich vorsichtig einem Eisblock, ohne ihn zu berühren. Ich spüre das Herannahen der Kälte. Ich strecke meine Hände einem Kaminfeuer entgegen und fühle die hochsteigende, in die Haut eindringende Wärme.

Interaktionsrituale

Nicht nur mit unserer Sprache, sondern gleichzeitig auch mit unserem Körper (Mimik, Gestik und Motorik) teilen wir uns anderen Menschen mit. Anhand von »Begrüßungen« und »Gratulationen« und »sich näher kommen« erleben die Spieler die Unterschiedlichkeit scheinbar gleicher Vorgänge. Für das Ausführen der Spielleiteranweisungen erhalten die Teilnehmer genügend Zeit.

Spielleitung:

Es kommt zu Begrüßungen

- unter zwei Freunden/Freundinnen,
- zweier ganz Kurzsichtiger,
- von Militärs,
- am Hofe Ludwig XIV.,
- von Suomi-Ringern,
- im Orient,
- zwischen Oma und Enkelkind,
- zwischen Lehrer und Schüler,
- zwischen Politikern …

Wir gratulieren zum Geburtstag

- unserer Mutter/unserem Vater,
- dem Onkel/der Tante,
- dem Großvater/der Großmutter,
- einem Lehrer/einer Lehrerin,
- einem Freund/einer Freundin,
- einem Nachbarn/einer Nachbarin,
- einer Person, die uns gleichgültig ist,
- einer Person, die uns unsympathisch ist,
- einem Vorgesetzten,
- einem Mitschüler,
- der Erbtante/einem Erbonkel …

Frau und Mann kommen sich näher (flirten)

- in der Diskothek,
- im vornehmen Restaurant,
- im Kino,
- in der Bahn,
- an der Bushaltestelle,
- in der Badeanstalt,
- im Flugzeug,
- im Kaufhaus …

In der Casablanca-Bar

Material: Verkleidungsutensilien, ggf. Requisiten, Musik.

Die Gruppenmitglieder sollen sich für dieses Spiel in verschiedenen Rollen in einer »Bar« treffen. Lediglich zwei Rollen sind festgelegt, die des Barkeepers/der Barkeeperin und des Kellners/der Kellnerin. Die anderen sind Gäste, die nacheinander den Raum betreten. Es ist jedem Gast selbst überlassen, als »wer« er kommt. Ziel des Spiels ist, dass alle möglichst viel miteinander in Kontakt treten, reden und handeln. Jeder Barbesucher kann sich mit Eigenschaften ausstatten, die er sonst vielleicht ablehnt. Genauso kann man in eine Rolle schlüpfen, die man für erstrebenswert hält.

Vor Spielbeginn wird der Raum so gestaltet, dass ihn sich die Teilnehmer als Bar vorstellen können. Die Gestaltung des Raumes kann den Akteuren das Agieren wesentlich erleichtern.

Schaufenster

Material: eventuell Verkleidungsutensilien und Requisiten.

Wir bilden Gruppen mit je vier bis sechs Spielern. Ein Spieler übernimmt die Rolle des Dekorateurs und baut jetzt aus den drei oder fünf Mitspielern eine Schaufensterdekoration auf. Die »Schaufensterpuppen« lassen sich vom Dekorateur beliebig bewegen und verrenken. Bei einem erfolgreichen »Schaufenstergestalter« kann man am Ende erkennen, um welche Art von Geschäft es sich handelt.

Beispiele: Videothek, Frisör, Bademoden, Tabakgeschäft, Metzgerei, Brautmoden, Gartenbedarf, Hutladen, Buchhandlung, Eisdiele, Sparkasse, Handy-Laden, Sanitärfachhandel …

Was wird gewickelt?

Bei diesem klassischen Pantomime-Spiel geht es darum, spontan Ideen in Handlungen umzusetzen. Etwa fünf bis sechs Spieler verlassen den Raum. In der Zwischenzeit einigen sich die anderen auf eine kurze pantomimische Handlung, z.B. das Wickeln eines Säuglings. Einer der hinausgeschickten Spieler wird hereingeholt. Ein Mitspieler führt ihm die Handlung möglichst genau vor mit dem Hinweis, dass er dem Nächsten, der hereingerufen wird, die Szene vorspielen soll. Über den Handlungsvorgang wird nicht gesprochen. Der nächste Spieler wird hereingeholt usw.

Die sich dabei verändernden Handlungsabläufe und Verwechslungen lösen stets allgemeine Heiterkeit aus, insbesondere, wenn der letzte Darsteller aus dem ursprünglichen Wickeln eines Säuglings ein Kohlrouladenwickeln macht.

Einige Vorschläge:
- Staubsauger auseinander bauen und wieder zusammensetzen,
- Kühe an die Melkmaschine anschließen,

- Reißverschluss einnähen,
- Elefanten waschen,
- aus Legosteinen ein Haus bauen,
- das Geländer einer Wendeltreppe streichen,
- Fahrradschlauch flicken,
- Waschmaschine reparieren.

Einer für alle

Material: 5 vorbereitete Briefumschläge.

Dieses »märchenhafte« Spiel ist fast schon ein kleines Theaterstück für eine Person und bedarf der vorherigen Probe durch den Akteur. Vom Publikum lässt er sich einen von fünf Umschlägen ziehen und den Inhalt vorlesen, z.B. »Schneewittchen«. Das Publikum weiß nicht, dass sich in allen Briefumschlägen das gleiche, vorbereitete Spiel befindet.

Jetzt spielt unsere Darstellerin »Schneewittchen«, wobei sie alle Rollen verkörpert. Hierzu gehört das schnelle Wechseln der Stimme, ebenso der Stellungs- und Ortswechsel, um z.B. die böse Königin, Schneewittchen, den Jäger und die sieben Zwerge zu spielen. Alles muss im Höchsttempo über die Bühne gehen. Das Publikum wird sich vor Lachen kaum halten können.

Als Themen eignen sich nahezu alle Märchen und klassischen Bühnenstücke.

Spüren

Die Spielleitung bittet die Spieler, einmal zu spüren,
- wie man unter einem Riesensack voll Holz auf dem Rücken fast zusammenbricht …,
- wie sich ein junges Kätzchen mit daunenweichem Fell in den Händen anfühlt …,
- wie man friert, wenn man am Nordpol ganz allein zurückgeblieben ist, weil das Schiff davonfuhr …,
- wie es ist, wenn überall, vor und hinter einem, stachelige Kakteen stehen …,

– wenn man bei jedem Meter, den man sich bewegt, kleinere und größere Stromschläge bekommt … usw.

(Die Spieler führen die Anweisungen nacheinander aus.)

Promi-Fete

Material: vorbereitete Einladungskarten.

Ein Prominenter (Schauspieler, Politiker, Sänger, Schriftsteller) hat zu einer exklusiven Feier eingeladen, für die jeder Spieler eine edel aufgemachte Einladungskarte erhält. Ort und Zeit sind festgelegt. Alle Partygäste kennen sich untereinander nicht. Jeder Spieler sucht sich einen eigenen Namen, seine Erwartungen an die Feier und seine Beziehung zum Gastgeber.

Wie reagieren die Spieler aufeinander? Sind prominente Namen darunter, die sich neu (oder wieder einmal) begegnen? Was geschieht, wenn die Teilnehmer erfahren, dass der Gastgeber leider verhindert ist, selbst zu erscheinen?

Erde und Himmel

Ein Spiel, bei dem es schon einmal wild zugehen kann. Der Spielleiter beginnt, eine Geschichte zu erzählen. Sie handelt von Menschen, die in einer Park- und Wiesenlandschaft spazieren gehen. Alle Teilnehmer spielen das nach, was der Erzähler sagt, z.B.: gehen – laufen – hüpfen – Hosen aufkrempeln – jemand anderen Huckepack tragen – Blumen riechen …

Fällt das Wort »Erde«, müssen sich alle Spieler flach auf den Boden legen, fällt das Wort »Himmel«, müssen alle Spieler so schnell wie möglich vom Boden wegkommen (sofern vorhanden, auf Stühle und Tische steigen). Der Spieler, der zuletzt den Boden verlässt oder zuletzt liegt, erzählt die Geschichte weiter.

Berühmte Dirigenten, große Orchester

Ein besonderer Ohrenschmaus erwartet das Publikum in diesem Spiel, für das wir aus den Spielern mehrere Orchestergruppen zusammenstellen, die zu vorher festgelegter Diktion bestimmte Buchstaben sprechen, hauchen oder singen. Der berühmte Dirigent »Taktstockgitis« (Spielleitung) leitet das Ganze und macht mit seinem Orchester zuvor Handzeichen für laut/leise und schnell/langsam aus.

Anregung: Gruppe A singt a, o, u (weit und klingend)
Gruppe B singt di, di, di (gehaucht)
Gruppe C singt z, z, x (zischend)
Gruppe D singt iii, uuu (lang gezogen, gedehnt)

Das Zusammenspiel der Gruppe ergibt eine moderne Komposition.

Variation: Das Orchester bekommt Wörter statt Buchstaben
Beispiel: Trevira, Trevira, Trevira (flüstern)
Orlon, Dralon, Perlon (dumpf)
Fila, Fila, Fila (spitz, kurz)
Milka, Milka, Milka (hoch, tief)

Sprache und Wirkung

Bei diesem Spiel sollen sich die Teilnehmer auf eine ungewohnte Sprachrolle und Situation einstellen.

Jeder Spieler eignet sich ein bestimmtes Sprachverhalten an, wozu die Spielleitung vorbereitete Zettel ziehen lässt, durch die jedem Mitspieler ein bestimmtes Sprachverhalten vorgegeben wird:

- überheblich
- zurückhaltend, schüchtern
- nervös, hektisch
- wütend, aggressiv
- zärtlich, sanft
- gewöhnlich
- sehr gelangweilt
- schneidend, zackig
- betont vornehm
- sehr zerstreut
- klagend, weinerlich
- »Kraftsprache«
- betont albern
- ironisch

Die sprachliche »bunte« Runde einigt sich auf ein Diskussionsthema (z.B. »Ist Bio-Kost gesünder?« oder »Stütze nur für den Stützstrumpfträger?«), über das sie etwa zehn Minuten miteinander spricht – und zwar jeder Spieler im vorgegebenen Sprachverhalten. Am Ende des Spiels wird die Gruppe sicher das Bedürfnis haben, auf die erlebten Sprachrollen und ihre Wirkungen einzugehen.

Variation: Auf Zetteln werden Charaktere vorgegeben: Helfertyp, Pessimist, Schwätzer, Dummkopf, Diktator, Besserwisser usw.

Noch'n Gedicht

Material: vorbereitete Zettel und Karten.

Es werden an alle Spieler Zettel mit Gedichten, Zeitungsmeldungen, Wetterbericht, Börsennachrichten u.Ä. verteilt, von denen sich jeder eines auswählen kann. Dann zieht jeder eine Karte, die er vor den anderen geheim hält. Auf dieser Karte stehen Personen, als die man den Text anschließend vortragen soll.

Beispiele für Karten: Pfarrer, Offizier, Politiker, Gewichtheber, Sprachforscher, Dichter, Metzger, Prostituierte, Marktfrau, Kunstmaler, Regisseur, Aristokrat, Polizeibeamter, Grundschulkind …

Eindeutig zweideutig

»Politiker lügen nicht, sie sagen nur nicht immer die Wahrheit!«, soll einmal ein bekannter Volksvertreter gesagt haben. Und so geht es auch in diesem kleinen Spiel zu. Es ist Wahlkampf, und ein neuer Bundeskanzler bzw. eine Bundeskanzlerin sollen gewählt werden.

Für unser Spiel suchen wir zwei Redner, und zwar für die »A«- und die »B«-Partei. Das Gekonnte an der Wahlrede ist nun, dass Redner A den Vertreter der B-Partei lobt, während Redner B seinen vermeintlichen Kontrahenten lobt.

Mit zweideutigen Wendungen wird nun der geschickte Redner versuchen, den Gegner zu packen, ohne dass sich jedoch etwas Negatives in die Rede einschleichen darf. Zu Beginn wird für jeden Parteivertreter eine Vorbereitungszeit von etwa drei Minuten gegeben und eine Redezeit von etwa zwei bis drei Minuten festgelegt.

Die Zuhörer achten darauf, dass keine negativen Äußerungen fallen. Wer geht rhetorisch besonders geschickt vor?

Gemüseraspel gegen Flusenentferner

Material: verschiedene Gegenstände wie Kugelschreiber, Kamm, Radiergummi, Handschuh, Portmonee usw.

Einen Marktschreier hat jeder schon einmal erlebt. Sein Metier ist es, möglichst wortgewandt ein Produkt an den Mann bzw. die Frau zu bringen.

Vor Spielbeginn lässt die Spielleitung beliebige Gegenstände einsammeln. Aus ihnen können sich zwei Spieler je einen Gegenstand aussuchen, den sie nun der geschätzten Käuferschar anpreisen. Dass der angebotene Gegenstand ganz besondere, geradezu fantastische Vorzüge hat, versteht sich von selbst.

Wer erweist sich als besonders ausdauernder Anbieter seiner Ware? Welcher Marktschreier muss zuerst lachen?

Tonstörung

Ein Spieler wird zum Dirigenten auserkoren. Dann einigt sich das Orchester auf ein Musikstück, das gespielt werden soll.

Sind Instrumentarium und Spielplan geklärt, geht es an die Aufführung. Der Dirigent dirigiert das abgesprochene Musikstück, und die Instrumente spielen im angegebenen Takt – jedoch völlig lautlos. Lediglich die Mimik und die Bewegungen der Instrumentalisten werden imitiert. Der Dirigent kann sowohl das ganze Orchester zum Spiel anhalten als auch von einzelnen Instrumenten ein Solo spielen lassen. Der gemeinsame Schlussakkord wird gefühlvoll, aber für das Publikum laut wahrnehmbar zu Gehör gebracht.

Das harmonische Zusammenspiel der Instrumente wird das begeisterte Publikum anhalten – trotz der »Tonstörung« –, Zugaben zu verlangen.

Die Zähne zeigen

Alle Spieler gehen durch den Raum und halten Blickkontakt. Plötzlich gibt die Spielleitung ein Sprichwort in den Raum und alle Spieler nehmen es wörtlich.

Beispiele: jemanden aufs Kreuz legen – jemanden hinters Licht führen – sich ins Fäustchen lachen – anderen eine Grube graben – jemanden auf den Arm nehmen – jemandem die Zähne zeigen.

Bundesverdienstkreuz

Material: Papier und Schreibzeug für Notizen; gegebenenfalls einige Papporden.

Ein Mitspieler hat sich – ohne es zu wissen – in ganz besonderer Weise verdient gemacht und soll dafür mit dem Bundesverdienstkreuz ausgezeichnet werden.

Bei diesem amüsanten Stegreifspiel verlässt die Spielleitung mit einem Spieler den Raum, um festzulegen, wer den Orden bekommt und für wen die Ansprache gehalten werden soll. Dafür sollte der »Festredner« einige Informationen über den künftigen »Ordensträger« besitzen; z.B. über Entwicklungsgang, Beruf, Interessen, Eigenschaften, Hobbys, Freunde, Gegner usw.

Die versammelte Zuhörerschaft lauscht sodann andächtig dem Redner und errät den auszuzeichnenden Mitspieler.

Anregungen für weitere Stegreifreden: Der 90. Geburtstag; seit 50 Jahren im selben Betrieb; Enthüllung eines Denkmals für eine noch lebende Person; Ehrendoktorwürde der Medizin; Empfang eines Weltumseglers.

Ballonfahrer

Bei diesem Spiel geht es darum, möglichst gut zu argumentieren, sich durchzusetzen und originelle Einfälle zu äußern. Wir benötigen vier freiwillige, mutige Spieler, die zu einer Ballonfahrt starten. Dafür rücken wir in der Mitte eines Stuhlkreises 4 Stühle zusammen. Die Ballonfahrer sitzen sich gegenüber.

Nachdem der Fesselballon auf eine Höhe von 4000 Metern gestiegen ist, stellt die Besatzung fest, dass sich im Ballon ein Loch befindet, das unweigerlich zum Absturz aller Passagiere führen wird, wenn nicht vorher jeweils ein Mitfahrer aussteigt. Im gemeinsamen Gespräch haben die Insassen nun Gelegenheit, ihre Mitfahrer von ihrer eigenen Wichtigkeit zu überzeugen. Dabei darf kräftig aufgeschnitten und geflunkert werden. Nach jeweils drei Minuten entscheiden die Mitspieler (Variante: die Zuschauer), wer den Ballon verlässt, und zwar so lange, bis noch ein Passagier übrig ist.

Am Ende des Spiels sollten alle Teilnehmer – Ballonfahrer und Zuschauende – kurz darüber sprechen, nach welchen Gesichtspunkten sie die einzelnen Ballonfahrer vorzeitig aussteigen ließen.

Illustre Gesellschaft

Material: vorbereitete Karten, eventuell Verkleidungsutensilien.

Eine illustre Gesellschaft hat sich versammelt, um gemeinsam zu tafeln. Jeder Spieler erhält eine Karte, auf der eine Person mit einer bestimmten Eigenschaft bzw. einem Berufsbild steht. Während eines gemeinsamen Essens der Gruppe – und dieses kann bei einer wirklichen Mahlzeit geschehen – erhält jeder Spieler die Aufgabe, in die Rolle der auf der Karte stehenden Person zu schlüpfen.

Kartenbeispiele: Pfarrer, Versicherungsvertreter, Lehrer, steinreiche Witwe, gealterte Filmdiva, alter Offizier (General a.D.), schrille

»Plappertasche« (Starlet), BILD-Reporter, 2. Vorsitzender der Freiwilligen Feuerwehr, Heiratsschwindler, Taschendieb, Industrieboss, Parteifunktionär, »Edel-Dirne«, Vorsitzende des Sittlichkeitsvereins, Klempner …

Zeitungstheater

Material: 1 Zeitung, Bleistifte, Schreibpapier, Augenbinden.

Wir bilden Gruppen mit je drei Spielern. Die Spielleitung hat eine Zeitung, ein Bleistift und ein Tuch zum Verbinden der Augen für jede Gruppe mitgebracht. Einem Spieler werden die Augen verbunden. Ein anderer blättert in der Zeitung und lässt sie an einer Stelle offen. Der Spieler mit den verbundenen Augen erhält den Bleistift und darf nun insgesamt sechsmal in die Zeitung pieksen. Die »getroffenen Worte« bilden das Ausgangsmaterial für eine kurze Spielszene.

Expertenrunde

Bei diesem Nonsens-Spiel kann man verrückte Ideen produzieren, die freie Rede üben und seine Schlagfertigkeit unter Beweis stellen.

Vor Gesprächsbeginn können Rollen verteilt und Parteien gebildet werden. Die Spieler können sich ihre Rollen aber auch erst im Spiel suchen.

- Welche Vorteile bringt die Nordseeüberdachung?
- Hat Johann Sebastian Bach oder Donald Duck der Menschheit einen größeren Dienst erwiesen?
- Welche Gemeinsamkeiten haben Elektrozahnbürste und Schallplatte?
- Was macht die Uhr, wenn sie keine Zeit hat?

Sicher fallen der Expertenrunde weitere Themen ein.

M-Theater – Manfred mampft Marmelade

Außer etwas Wortgewandtheit brauchen wir für dieses simple Spiel nichts, um gelöste Heiterkeit in der Spielrunde aufkommen zu lassen. Die Spielleitung gibt in ein bis zwei Sätzen den Handlungs-

ablauf des Stückes vor. Das Thema kann z.B. lauten: Mutter und Kind bei Tische. Alles Weitere wird jetzt aus dem Stegreif gespielt, d.h., vorwiegend gesprochen. Vor Spielbeginn wird jedoch noch festgelegt, dass jedes Wort, das die Akteure von sich geben, mit einem vereinbarten Buchstaben beginnt. In unserem Beispiel ist es das »M«.
Und so könnte es losgehen:

Kind:	Mutter, Mutter!
Mutter:	Manfred, mein Mummelchen?!
Kind:	Mach mir Marmeladenbrote.
Mutter:	Mit Mangofrüchten?
Kind:	Mittags meistens.
Mutter:	Michl, mein Mummelchen?
Kind:	Mmm, mag Mukuhmilch.
Mutter:	Müde, Manfred?
Kind:	Muss mal.
Mutter:	Malventee macht müde Mägen munter.
Kind:	Meditieren macht müde.
Mutter:	Meine Meinung: Mieses Mittagessen macht melancholisch.
Kind:	Mitnichten, Mama! Mampf! …

Für das Spiel eignen sich nahezu alle berühmten Bühnenvorlagen, Krimistorys oder Märchen. Die ideale Spielerzahl liegt bei drei bis vier Personen.

Klinkenputzer

Dieser etwas respektlose Begriff steht für Leute, die anderen so richtig schön etwas andrehen können: Vertreter. Eine echte Verkaufskanone ist natürlich, wer Eskimos einen Kühlschrank andreht oder Höhensonnen an australische Strandkorbbesitzer verkauft.

Es werden jeweils zwei Spieler als Vertreter und Kunde festgelegt und ein möglichst sinnloser Artikel benannt. Danach soll der Vertreter dem Kunden den Artikel aufschwätzen. Beispiele für Gegenstände: Tonleiterständer, Duschhaubenschutz, Eierformer, Würfelzuckerformer, Streichholzschnitzmesser, Kratzhemd usw.

Besonders schwierig wird die Sache, wenn der Vertreter versucht, dem Kunden das Gerät auszureden. Außerdem lässt sich vorher festlegen, welcher Person etwas verkauft werden soll (z.B. einem Nichtschwimmer eine komplette Taucherausrüstung).

Ungleiche Paare

Die Spielleitung weist je zwei Spielern als Paar extrem unterschiedliche Eigenschaften zu wie etwa: froh/traurig, mutig/ängstlich, stark/schwach, schön/hässlich, zufrieden/unzufrieden …

Die beiden teilen sich die Aufgabe und versuchen, ihre Unterschiede pantomimisch auszudrücken.

Stell dir vor …

Ein Spiel, das sich besonders an eine erzählfreudige Runde wendet. Nachdem ein Spieler eine »Stell dir vor …«.-Überlegung vorgibt, steuern alle Beteiligten weitere Überlegungen bei und versuchen, sie in eine kurze Szene umzusetzen.

Einige Beispiele:
- Stell dir vor, du müsstest ein Jahr im tiefen Dschungel leben …
- Stell dir vor, wir müssten die nächsten zwei Jahre ohne Sonnenlicht auskommen …
- Stell dir vor, ab morgen gäbe es keinen Strom mehr …
- Stell dir vor, du könntest anderer Menschen Gedanken lesen …
- Stell dir vor, du könntest 200 Jahre alt werden …
- Stell dir vor, du würdest morgen allein aufwachen …
- Stell dir vor, du wärst ab morgen Bundeskanzler/in …
- Stell dir vor, du bis Ehrengast bei der Queen …

Peinlich, peinlich

Die Spielleitung erzählt eine Geschichte, die von einem Spieler (oder mehreren parallel) ausgeführt wird.

Die Situation: »Du sitzt im Restaurant, und es entsteht eine peinliche Situation (zum Beispiel kleckern, Glas umgekippt, prusten, Hustenreiz, Gräte verschlucken, Nase bohren, Schuhe gerade ausgezogen). Dann kommt eine Person herein, die einem sehr wichtig ist. Sie kommt auf dich zu, du willst Kontakt zu ihr aufnehmen, doch sie geht vorbei. Jetzt kommt auch noch der Kellner und fragt, ob es geschmeckt hat, und du hast einen Schluckauf … Der Kellner geht weiter.«

Stierkampf

Hemmingway lässt grüßen. Die Spieler sind zur einen Hälfte Stiere, zur anderen Hälfte Matadore mit oder ohne Taschentücher, Halstücher usw., auf die die Stiere losstürzen. Die Stiere sind natürlich äußerst aggressiv, die Matadore flink und herausfordernd … Dann werden die Rollen getauscht.

Klapsmühle

Zu Beginn des Spiels erfahren die Spieler, dass sie alle Insassen eines Irrenhauses sind. Dann haben sie etwa fünf Minuten Zeit, sich einen »Tick« bzw. eine »Macke« zu überlegen (spezielle Mimik, Körperhaltung, merkwürdige Gesten, Bewegungen, Fantasien, Ängste). Das Spiel beginnt, wenn alle im Wartezimmer sitzen und zum Doktor wollen, der sie auf ihre Entlassungstauglichkeit untersuchen soll. Der Arzt kommt immer mal durchs Wartezimmer geeilt, jedoch wird niemals einer ins Sprechzimmer gerufen.

Wie lange halten die Teilnehmer ihre Rollen durch?

Variation: Die Patienten sprechen vor. Und nach kurzem Gespräch entscheidet der »Doc«, ob entlassen wird oder nicht.

Was passiert?

Hier geht es um den Spaß am Raten. Wir bilden zwei gleich starke Gruppen. Jede denkt sich eine lustige Tätigkeit aus, die den anderen gestenreich vorgeführt wird (z.B. das Suchen und Wiedereinsetzen einer verloren gegangenen Kontaktlinse; das Einfädeln durch ein zu enges Nadelöhr; Klebstoff wird verschmiert und nicht wieder von den Fingern abbekommen usw.). Die Szenen werden im Wechsel vorgeführt und geraten.

»Minimax«

Äußerst komisch geht es bei »Minimax« zu, der von zwei Spielern dargestellt wird und z.B. eine Begrüßung vornimmt, ein Gedicht aufsagt oder eine Ansprache, ein Referat hält.

Ein Spieler steht hierfür bei einem Tisch und hat seine Hände in Schuhe gesteckt, die auf dem Tisch stehen. Er hat auf dem Oberkörper eine Strickjacke so hängen, dass deren Knöpfe am Rücken sind. Ein zweiter Spieler kniet hinter dem ersten, schlüpft mit den Armen in die Jackenärmel und spielt nun so – von vorne gesehen – die Arme des »Minimax«, die sich mal an die Stirn, das Kinn oder die Nase fassen, sie ab und zu kratzen, gestikulieren, eine Schachtel öffnen, ein Bonbon in den Mund stecken usw. Eine wirklich komische Geschichte. Damit die Zuschauer nicht sehen, was sich hinter dem Tisch abspielt, ist er mit einer Decke bedeckt, die bis auf den Boden reicht.

Sprachrolle wechsel dich!

Konzentration, Sprachwitz und Schlagfertigkeit kennzeichnen dieses kleine Spiel, bei dem jeweils ein Spieler im Wechsel zwei Rollen, die gegensätzlich sind, ausspielen soll.

Rollenbeispiele: Autoschlosser – Kosmetikerin, Metzger – praktischer Arzt, Polizist – Gangster, Marktschreier – Bibliotheksangestellte, Papst – Teufel.

Der Rollenwechsel wird jeweils durch ein Klatschzeichen der Spielleitung gegeben.

Verformbare Masse

Die Spieler bilden einen Sitzkreis. Die Spielleitung gibt eine unsichtbare, verformbare Masse herum. Jeder Mitspieler formt irgendeinen Gegenstand, verwendet ihn dann in beliebiger Weise, knetet dann die Masse wieder zusammen und reicht sie dem Nächsten.

Beobachten Sie einmal, welche originellen Ideen umgesetzt werden.

Hyde Park Speaker

Diese auf der ganzen Welt bekannte englische Einrichtung wollen wir als Spielimpuls nutzen.

Ein freiwilliger Spieler stellt sich auf einen Stuhl, besser noch auf eine stabile Kiste und redet über ein selbst gewähltes Thema. Die Zuhörer dürfen ihn unterbrechen, nachdem er die Grundzüge seiner Rede oder Meckerei dargestellt hat. Es kann um den »Sittenver-

fall in Mitteleuropa« gehen oder um die »Abschaffung der Steuer für Nichtdenker«. Dem Redner sind keine Grenzen gesetzt. Um den Spielspaß zu erhalten, sollte sich die Gruppe vor Spielbeginn darauf einigen, keine politischen Grundsatzdiskussionen zu führen.

Auf der Parkbank

Unweit von Speakers Corner im Hyde Park befindet sich eine Parkbank, die wir schnell aus vier nebeneinander gestellten Stühlen errichten. Nacheinander kommen nun bestimmte Typen zur Bank und nehmen dort für kurze Zeit Platz. Immer wenn ein dritter Mitspieler kommt, muss sich der erste entfernen. Es sollen also immer nur zwei Personen an der Parkbank spielen. Jeder Spieler darf sich seinen Typ selbst aussuchen. Beispiele für Typen: Kind, Priester, Blinder, Gärtner, Prostituierte, Dame mit Hund, Drogenabhängiger, Jogger, komischer Kauz, Gangster (vielleicht ein Bankräuber?).

Anziehend

Ein Spieler liegt auf dem Boden und ist ein »Magnet«. Alle anderen sind Gegenstände, die vom Magneten angezogen werden. Der Magnet kann entweder ruhig daliegen, und alle werden langsam und gleichzeitig von ihm angezogen, oder der Magnet bewegt sich durch den Raum, und auf wen er sich zubewegt, der wird von ihm angezogen. Zuletzt liegen alle auf einem Haufen zusammen. Einige versuchen, sich vom Magneten zu lösen, jedoch ist die Anziehungskraft sehr groß.

Provo-Park-Theater

Vielleicht traut sich die Spielgruppe einmal nach draußen »unters Volk« und versucht sich in den folgenden Spielideen, die eine echte Herausforderung an die Umgebung sein können. Die Übungen erfordern von den Darstellern etwas Mut und Courage:

- Die Gruppe geht mit selbst gebastelten Gasmasken durch eine Gegend mit starken Autoabgasen.
- Die Gruppe hält vor einem Denkmal Ehrenwache. (Wenn man sich erkundigt, werden originelle Antworten gegeben, z.B. »Hat heute Geburtstag!«)
- Die Gruppe erledigt bestimmte Dinge, z.B. wechselt sie einen Autoreifen, obwohl kein Auto da ist.
- Alle versammeln sich um einen Hydranten, oder alle schauen in die Luft …

Blatwulst

Dass es sich bei der Überschrift um das Wort »Bratwurst« handelt, haben Sie wahrscheinlich sofort erkannt. Bei der »L-Sprache«, dem alten Vorurteil, Chinesen könnten kein R sprechen, wird im Spiel der Buchstabe R durch L ersetzt. Wir können auch noch den Buchstaben L durch N ersetzen (»Neise fnehen meine Nieder«).

Jetzt unterhalten sich zwei Bekannte oder Freunde, wobei sich einer der L-Sprache, der andere der N-Sprache bedient. Sprechen kann man z.B. über die Tagespolitik, sportliche Ereignisse, die liebe Verwandtschaft, über einen Film. Vielleicht tauschen die Gesprächspartner auch das neueste Kochrezept aus. Die Sprechblödelei ist für alle ein herrliches Vergnügen.

Stummer Vorleser

Die Spieler sitzen im Kreis. Jeder stellt sich vor, er hätte einen Brief erhalten. Nacheinander liest jeder seinen Brief stumm vor. Anhand von Gestik und Mimik sollen die Mitspieler erkennen, welchen Charakter der Brief hat und was er erzählt. Bei neuen Gruppen besprechen wir vorher ein paar Charakteristika (traurig, freudige Überraschung, erschrocken, fragend, wütend, liebevoll, melancholisch).

Zärtlich oder verträumt?

Jeweils ein freiwilliger Spieler wird nach draußen geschickt. Die anderen Mitspieler suchen sich gemeinsam »Eigenschaften« und »Stimmungen«, die der wieder hereingeholte Spieler durch Fragen erraten soll. Dabei müssen die Mitspieler in einer Art antworten, die für das gesuchte Wort bezeichnend ist. Hat sich die Spielrunde z.B. auf das Wort »nervös« geeinigt, würden die Mitspieler ihre Antworten unruhig, fahrig, unkonzentriert, eben nervös geben.

Andere Wörter können z.B. »vornehm«, »gehemmt«, »leidend«, »arrogant«, »schwerfällig«, »unhöflich«, »begriffsstutzig«, »übermütig«, »unkonzentriert«, »verträumt«, »zärtlich«, »trotzig« u.Ä. sein.

Alle gehen essen, trinken …

Zur Sensibilisierung der Spieler eignen sich gut pantomimische Übungen. Je nach Übung sitzen bzw. stehen sich die Spieler zu zweit gegenüber und führen für sich die vom Spielleiter angegebenen Tätigkeiten langsam pantomimisch aus. Die Sitzordnung dient der Fremd- und Selbstbeobachtung. Für die einzelnen Spielübungen erhalten die Teilnehmer genügend Zeit.

Die Spielleitung gibt z.B. vor:

Alle gehen (verteilt im Raum)
- auf Glatteis,
- auf klebrigem Untergrund,
- barfuß über heißes Straßenpflaster,
- durch hohen, festen Schnee,
- durch sehr hohes Gras,
- auf moorigem Untergrund,
- durch eiskaltes Wasser,
- wie ein Soldat,
- wie eine kinderwagenschiebende Mutter,
- wie ein alter gebrechlicher Mann,
- wie zwei Freundinnen beim Einkaufsbummel,
- wie ein angetrunkener Zecher,
- wie ein Mann, der einen schweren Koffer trägt.

Alle tragen (jeweils allein und zu zweit)
- einen Koffer,
- ein Klavier,
- eine große Glasplatte.

Alle öffnen
- eine schwere Haustür,
- eine knarrende Zimmertür,
- einen großen alten Wäscheschrank,
- einen Safe,
- einen Spiegelschrank im Bad,
- eine kleine Pillendose.

Wir sind
- freudig – traurig,
- ängstlich – stolz,
- hochmütig – gleichgültig,
- müde – zornig – zärtlich,
- gelangweilt – interessiert,
- wütend – fröhlich.

Alle essen (im Sitzen auszuführen)
- eine Weinbrandbohne,
- eine Rindsroulade,
- einen Kaugummi,
- eine Pizza,
- einen Dreifach-Hamburger,
- ein zähes Schinkenbrot,
- einen grätenreichen Fisch,
- Spagettis,
- Johannisbeeren vom Strauch,
- eine Banane,
- eine Apfelsine,
- eine Ananas,
- Erdbeeren.

Alle trinken (im Sitzen, z.B. im Stuhlkreis)
- aus einer hauchdünnen Kaffeetasse,
- aus einem Bierkrug,
- aus einem Sektglas,
- ein sehr süßes (saures, scharfes) Getränk,
- mit Strohhalm.

Wir werden umkreist (sitzend oder stehend)
- von einer Fliege,
- von einer Biene,
- von einem großen Hund,
- von einem Raubvogel,
- von einem bewaffneten Mann.

Alle greifen
- eine kostbare zerbrechliche Glasvase,

- einen vollen Milchkrug,
- einen Wattebausch,
- ein Stück Papier,
- ein klebriges Bonbon,
- eine heiße Kartoffel,
- einen Füllfederhalter,
- in heißes Wasser hinein,
- in einen Eimer mit Tapetenkleister,
- einen nassen Schwamm,
- mehrere Eiswürfel.

Alle sind Zuschauer bei
- einem Fußballspiel,
- einem Tennisspiel,
- einem Federballspiel,
- einem Boxkampf,
- einem Autorennen,
- Sackhüpfen,
- einem Eiskunstlauf,
- einer Ruderregatta,
- Speerwurf.

Stimme und Gang

Während es bei den pantomimischen Übungen noch recht still zuging, sollen die Spieler jetzt versuchen, die Worte oder Wortketten der Spielleitung in der gleichen Diktion nachzusprechen und dabei auf ihren Gang durch den Spielraum wirken zu lassen. Sie erleben so die Wirkung von Stimme und Bewegung.

Beispiele für Wortketten können sein:

– Sehr kurze Worte:	na, na, na, na …
– Zusammengefügte Worte:	Gartentor …
– Kurze, harte Worte:	Weg, weg, weg, weg …
– Schreiend:	Hil-fe, Hil-fe, Hil-fe …
– Ausschweifend:	Südseeparadies …

Es sind beliebige andere Worte einsetzbar, die je nach vorgegebener Anweisung nacheinander gesprochen und zu einer Kette verbunden werden.

Imaginäre Geräusche

Jeweils drei bis fünf Spieler haben die Aufgabe, eine kleine Szene zu erfinden, in der vier imaginäre Geräusche enthalten sind.

Beispiele:
- Einer summenden Fliege nachschauen.
- Luft aus einem Autoreifen lassen.
- Eine laut knarrende Tür vorsichtig schließen.
- Einen Luftballon zum Platzen bringen.
- Mit einer Zeitung knistern.
- Einfühlsam auf einem Flügel spielen.

Wer macht was wo?

Material: vorbereitete Spielzettel/Bildkarten.

Und jetzt wieder ein paar kleine pantomimische Ratespiele, die etwas Körperbeherrschung und Gestaltungskraft verlangen.

1. Wo ist das Kamel?
   Die Spielleitung verteilt Bildkarten mit Tierhälften. Jeder Spieler muss seinen Tierpartner suchen. Die Tiere beschnüffeln sich, sie machen durch Bewegungen deutlich, wer sie sind. Wenn sich alle Partner gefunden haben, setzen sich die Spieler in den Kreis. Ein Paar nach dem anderen stellt sich vor. Die anderen erraten, was für Tiere sie sind.

2. Was steht auf der Speisekarte?
   Vor Richard stehen zwei Schüsseln mit Essen. Wenn er jetzt daraus isst, wollen wir raten, wie ihm das Essen zuerst aus der einen, dann aus der anderen Schüssel schmeckt. (Vielleicht befindet sich in der einen Schüssel ein leckeres Pilzgericht und in der anderen ein verdorbener Fisch …)

3. Dreimal durch die Scheibe
   Ein anderer Spieler muss noch dringend einkaufen. Er rennt zum Laden, merkt aber, dass die Ladentüre schon geschlossen ist. Er teilt der Verkäuferin durch die Scheibe mit, was er möchte. Und wieder ein anderer Spieler lässt sich auf der Entbindungsstation von der Schwester das Neugeborene durch die Scheibe zeigen, während Karl-Heinz Scharlach hat und sich mit seinen Besuchern nur durch die Fensterscheibe unterhalten darf.

Die Beobachter sollen erraten, was sich die Akteure mitteilen.

Zahnpasstee

Material: vorbereitete Zettel mit pantomimischen Aufgabenstellungen.

Die Spieler erhalten den Auftrag, einen bestimmten Begriff pantomimisch vorzuspielen, der von den anderen zu erraten ist. Dafür erhalten sie von der Spielleitung einen kleinen Aufgabenzettel zugesteckt.

Beispiel für den Begriff »Lektor«: Der Spieler deutet durch zwei Finger an, dass er einen Begriff spielt, der sich aus zwei Worten zusammensetzt. Danach spielt er das Exempel durch (Lek = Lecken, Tor = Tor bzw. Tür). Indem der Spieler demonstriert, an einem Tor oder an einer Tür zu lecken, ergibt sich entweder der Begriff »Lektor« oder »Lektüre«. Das Spiel erlaubt eine Vielzahl von mehr oder minder kuriosen Varianten.

Begriffe können z.B. sein:
Einflugschneise, Hawaiitoast, Hüfthalter, Sahnehering, Kegelbahn, Blinddarmentzündung, Operationssaal, Beichtstuhl, Omnibushaltestelle …

Es lassen sich Begriffe auch auf sehr kuriose Weise trennen und pantomimisch darstellen wie z.B. »Zahnpaste« (= Zahn, Pass und Tee) oder »Parlamente« (= Paar, Arm und Ente). Hat sich die Gruppe erst einmal eingespielt, werden auch viele eigene Begriffe erdacht und vorgespielt.

Piep, Piep, Piep

Material: vorbereitete Zettel mit Situationen, in die der Liedvers eingebaut werden soll.

Wer kennt es nicht, Guildo Horns großes Erfolgslied! Wir machen uns einige Zeilen aus dieser dichterischen Glanzleistung zu Eigen und verteilen sie an die Spieler.

»Ich denk gern zurück
an die Zeit von Harmonie und Glück,
als ich täglich in ein Poesiealbum schrieb:
Piep, piep, piep, ich hab dich lieb«.

Dieser Text soll nun z.B. eingebaut werden
- in die Rede eines Politikers auf einer Parteiversammlung;
- in die Nachrichten, die ein Nachrichtensprecher verliest;
- in die Ansprache eines Standesbeamten vor der Hochzeitsgesellschaft;
- in die Verkehrskontrolle durch einen Polizeibeamten;
- in den Tagesbefehl eines Kompaniechefs vor seiner Truppe auf dem Kasernenhof;
- in die Beisetzungsfeier für einen vierbeinigen Liebling auf dem Hundefriedhof.

Grußrituale

Material: Zeitungen.

Auf dem Fußboden haben wir mithilfe von Zeitungspapierbögen Häuserblocks angedeutet. Dazwischen werden Straßen zum Gehen freigelassen.

Die Spielleitung gibt nacheinander verschiedene Anweisungen: »Wir befinden uns in einer Stadt und schlendern durch eine Fußgängerzone. Wir treffen gute Bekannte und begrüßen sie auf verschiedene Arten wie:
- Hände schütteln,
- ein Stück mit dem Partner gehen und plaudern,
- mit den Füßen begrüßen,

- mit den Schultern begrüßen,
- die Rücken begrüßen sich,
- Nasenspitzen reiben,
- an den Ohrläppchen zupfen …«

Gemeinsam mit den Spielern finden wir weitere Begrüßungsformen.

Berühmte Paare

Material: vorbereitete Kärtchen.

Die Spielleitung gibt Kärtchen aus, auf denen Paare aufgeführt sind, die etwas miteinander zu tun haben. In kurzen Szenen sollen die Spielpartner ihre Paare darstellen: Cäsar und Kleopatra, Romeo und Julia, Asterix und Obelix.

Variation: Alltägliche Paarbeziehungen werden dargestellt: Schiedsrichter und Fußballer, Kellner und Gast, Kunde und Verkäufer, Fahrgast und Kontrolleur, Autofahrer und Polizist.

Rotkäppchen und »Mischa« Wolf

Bei diesem Erzählspiel soll eine Geschichte oder ein Märchen von verschiedenen Standpunkten aus erzählt werden. Dabei muss jeder Mitspieler versuchen, sich möglichst intensiv in seine Rolle hineinzuversetzen.

Beispiel: Das Märchen »Rotkäppchen«
Jeder Spieler übernimmt eine Rolle: Rotkäppchen, Wolf, Großmutter, Jäger.

Die einzelnen Spieler haben Zeit, sich ein paar Gedanken zu machen und gegebenenfalls in Stichpunkten aufzuschreiben. Dann wird die Geschichte gemeinsam erzählt, wobei jeder die Handlung aus seiner Sichtweise beschreibt. Keine Person soll dabei zu kurz kommen. Gerade für die Nebenpersonen gilt es, mehr eigene Ideen zu entwickeln.

Das »neue« Märchen lässt sich weiter ausfeilen und in eine Theaterfassung bringen.

Durch die Wüste

Eine schöne Improvisation, an der alle Spieler zur gleichen Zeit teilnehmen können.

Die Spielleitung gibt die Situation vor: Ihr seid in der Wüste Sahara unterwegs. Eines Tages stellt ihr fest, dass ihr vom richtigen Weg abgekommen seid. Der Vorrat an Lebensmitteln und Wasser geht zu Ende, die Kamele können auch nicht mehr weiter. Ihr wankt unter der glühend heißen Sonne dahin, einander stützend (nicht nur in physischer Hinsicht). Ihr seht eine Fata Morgana, habt Wahnvorstellungen … Worüber werdet ihr sprechen – wenn ihr überhaupt noch zu sprechen vermögt? Einer von euch ist dem Ende nahe …

Da – in weiter Ferne nähern sich Menschen. Es gelingt, sie auf euch aufmerksam zu machen. Rettung naht …

Foto, Film und Radio

Jeweils vier Spieler ziehen Kärtchen mit derselben Tätigkeit (z.B. essen, Auto fahren, abwaschen, mit dem Computer arbeiten …).

Die Spieler sollen jetzt zeigen, wie diese Tätigkeiten
- auf einer Fotografie aussehen,
- im Stummfilm
- und im Tonfilm dargestellt werden,
- sich als Hörspiel im Radio präsentieren lassen.

Querdenker

Material: gegebenenfalls Verkleidungen, Lampen, farbiges Transparentpapier.

Um Kombinationsgabe, Sprachgewandtheit und originelle Ideen geht es bei diesem Spiel. Ein Stegreifredner zieht zwei Zettel, auf denen jeweils ein Thema steht, das mit dem anderen nichts zu tun hat. Innerhalb einer festgelegten Zeit soll der Redner eine sinnvolle Überleitung von einem Thema zum anderen finden.

Beispiel: Der Redner zog die Themen »Das Auto – Segen oder Fluch?« und »Wohin mit den Zahnbürsten, wenn sie verbraucht sind?« Ob dem Spieler wohl schwer fällt, hier gedankliche Verbindungen herzustellen?

Es empfiehlt sich, an mehrere Spieler gleichzeitig vorbereitete Themenzettel auszugeben.

Wachsfigurenkabinett

Material: gegebenenfalls Verkleidungen, Lampen, farbiges Transparentpapier.

Die Spielgruppe wird in mehrere Kleingruppen aufgeteilt. Jede von ihnen soll eine Szene aus einem Film oder ein Ereignis, z.B. aus der Weltgeschichte, Literatur oder Politik, darstellen.

Die Darsteller spielen nicht, sondern bauen sich zu einer Szene auf, wie wir sie vom Wachsfigurenkabinett her kennen (z.B. Gerichtsszene aus »Der zerbrochene Krug«). Die Spieler verharren so bewegungslos. Der Szenenausschnitt wird erraten und erhält einen Titel.

Variation: Verbunden mit einigen Vorbereitungen, können sich auch 10–15 Spieler verkleiden. Ein Führer begleitet dann das Publikum durch ein interessantes, schaurig-schön ausgeleuchtetes Panoptikum.

Draußen vor der Tür

Zwei Spieler gehen hinaus und besprechen ihre Pantomime. Einer mimt den Besucher, der – oder die – anderen den »Hausherrn« oder dessen Frau.

Der »Besucher« läutet draußen. Das Spiel beginnt. Als Haustür dient jetzt aber die Tür zum Gruppenraum. Der Hausherr öffnet. Vor ihm steht der Besucher. Ist es der Gerichtsvollzieher, ein Vertreter, ein uralter Freund, den man erst nach langem Hinschauen wieder erkennt, oder wer sonst? Es muss ganz deutlich herauskommen, dass er kein Hausfreund ist, sondern ein Fremder, und sein Beruf muss ganz ausgeprägt dargestellt werden.

Die praktische Fahrprüfung

Material: vorbereitete Zettel.

Grundlage für Stegreifspiele können reale, groteske oder utopische Situationen und Handlungsmuster sein. Wir haben Zettel vorbereitet, auf denen jeweils eine Situation bzw. ein Ort steht. Je zwei bis drei Spieler ziehen für sich als Gruppe einen Zettel und denken sich gemeinsam eine Szene aus, die an dem von ihnen gezogenen Ort spielen könnte. Wurde z.B. der Zettel »bei der praktischen Fahrprüfung« gezogen, so könnten dort folgende drei Personen zusammentreffen: Der »begriffsstutzige, aufgeregte Prüfling«, der »genervte Fahrlehrer« und der »gefürchtete Prüfer«. Gemeinsam erleben sie die dritte Wiederholungsprüfung.

Bildgeschichten

Material: Bildmaterial aus Illustrierten, Kalenderblätter, gegebenenfalls Papier und Schreibzeug.

Die Spielleitung legt im Raum eine Reihe Bilder mit verschiedenen Motiven aus (z.B. Menschen, Tiere, Häuser, Landschaften, Maschinen).

Je zwei Spieler haben nun die Aufgabe, sich gemeinsam von den ausgelegten Bildern drei auszusuchen und eine kurze Geschichte vorzubereiten. Nach etwa zehn Minuten versammelt sich die Gruppe im Stuhlkreis. Jeweils ein Paar legt seine Bilder in der Mitte aus und erzählt seine Geschichte.

Schmugglerausreden

Material: verschiedene Gegenstände (Kugelschreiber, Uhr, Buch, Tasse, Vase usw.).

Wir befinden uns auf einer Zollstation, über die immer noch Schmuggler kommen. Meist werden diese jedoch von den überaus aufmerksamen Zollbeamten ertappt. So soll es auch diesmal sein.

Die Spielleitung sammelt zu Beginn des Spiels Gegenstände ein, die »nicht ausgeführt werden dürfen«. Nun versuchen die ertappten Schmuggler, sich möglichst originell aus ihrer Situation herauszureden, um ungeschoren durch den Zoll zu kommen. Falls es die Gruppe wünscht, kann eine Jury darüber entscheiden, ob der jeweilige Schmuggler passieren darf.

Prominententelefonat

Material: gegebenenfalls 2 beliebige Gegenstände (Dose oder Schuh) als Telefone.

Zwei Spieler verlassen den Raum und verabreden draußen ein »Telefongespräch«, bei dem jeder eine prominente Persönlichkeit darstellt. Es kommt bei dem Spiel nicht darauf an, ob diese Persönlichkeiten in ihrem wirklichen Leben jemals Kontakt miteinander hatten. Goethe kann z.B. mit Hildegard Knef telefonieren, Helmut Kohl mit Alice Schwarzer, Cäsar mit Erich Honecker oder Johann Sebastian Bach und Nina Hagen. Nach etwa drei Minuten betreten die beiden Spieler den Raum und beginnen ihr Gespräch, ohne dabei ihre ausgewählten Namen zu nennen.

Das Gespräch kann je nach Temperament der dargestellten Persönlichkeit durch Gesten und Mimik untermalt werden. Die beiden Anrufer sollten es den Mithörern nicht zu einfach machen, damit die Spannung möglichst lange erhalten bleibt.

Bestellt und nicht abgeholt

Die Spielleitung gibt folgende Situation vor:

Am Kiosk wartest du auf deine Freundin/deinen Freund. Du hast eine ganze Weile gewartet und wirst allmählich unruhig. Es beginnt zu dämmern. Die Frau im Kiosk denkt, es kommen jetzt doch keine Kunden mehr, schließt zu und geht nach Hause. Du bist nun ganz unruhig, wartest aber trotzdem weiter, wie versprochen. Es wird schon ziemlich dunkel, und dir wird es mulmig. Endlich entschließt du dich, nun auf jeden Fall zu gehen – und eben in diesem Augenblick kommt deine Freundin/dein Freund. Wie reagierst du, als du ihr/ihm entgegengehst? Welche »Ausrede« bzw. Erklärung hat sie/er für die Verspätung? Es entwickelt sich ein kurzer Dialog.

Zirkus Flohrelli

Je zwei bis drei Mitspieler haben den Auftrag, eine Szene von ca. drei Minuten aus einem Flohzirkusstück vorzuspielen.

Beispiel: Der Floh turnt auf dem Trampolin, vollführt einen dreifachen Salto, landet irgendwo im Publikum, kämpft gegen einen anderen Floh, zieht einen schweren Wagen, stößt sich den Kopf …

Die Aktionen der »Flöhe« werden reißerisch kommentiert und mit passenden Geräuschen untermalt.

Auf der Mailänder Scala

Material: vorbereitete Zettel mit Handlungshinweisen für je 2–3 Personen.

Bei diesem Spiel geht es ein wenig um den Mut, sich vor anderen auch musikalisch zu produzieren.

Die Spieler ziehen Zettel, auf denen eine kleine Handlung vorgegeben ist, die nachgespielt werden soll, und zwar in Form einer Opern- oder Operettenszene. Die Handlung wird selbstverständlich gesungen!

So versucht z.B. eine Marktfrau, einem Kunden verschiedene Gemüse anzupreisen, oder ein Arzt teilt seinem Patienten die Diagnose mit, oder der Autoschlosser teilt dem Wagenbesitzer den festgestellten Getriebeschaden mit.

Die Fragen werden im schnellen Wechsel hoch oder tief, fröhlich oder traurig, schnell oder langsam gesungen und mit pathetischen Bewegungen unterstrichen.

In der Schlange

Man sagt, die Deutschen seien Stau-Weltmeister auf der Autobahn. Sogar Fernsehfilme wurden diesem Phänomen gewidmet. Jetzt geht es auch ums Schlange stehen, allerdings an anderen Orten.

Die Spieler gehen durch den Raum. Auf Anweisung des Spielleiters stellen sich alle an einer vorher festgelegten Stelle zu einer Schlange an und spielen »Situationen«, z.B. im Metzgerladen, an der Supermarkt-Kasse, vor dem Fußballstadion, an der Opernkasse, am Bus, in der Kantine, vor einem Stand mit Sonderangeboten …

Es wird spontan gespielt. Etwa alle drei Minuten erfolgt ein Wechsel.

Alle spielen gleichzeitig

Sehr spontan geht es bei diesem Spiel zu. Nach einer Musik gehen oder tanzen die Spieler durch den Raum. Sobald die Musik abbricht, ruft ein beliebiger Spieler einen Ort oder Platz, bei dem viele Menschen zusammenkommen, z.B. Fußballplatz, Bahnhof, Krankenhaus …

Nun spielen alle Teilnehmer gleichzeitig (simultan) »Krankenhaus«: Ärzte, Schwestern, Pfleger, Patienten, Besucher usw. Nach etwa drei bis fünf Minuten setzt wieder die Musik ein, dann folgt eine neue Szene.

»Schwarzwaldklinik«, die 520.!

Jeder kennt sie: »Seifenopern« und Dauerserien auf allen Fernsehkanälen rund um die Uhr. Für dieses lebhafte Spiel muss sich der Spielleiter gut vorbereiten, um als Regisseur eine »Filmaufnahme« zu arrangieren. Von seinem »Drehbuch« hängt das Gelingen ab.

Es soll eine Szene aufgenommen werden, bei der alle mitspielen können. Der Regisseur benötigt Darsteller, ein Kamerateam, einen Tonmeister, Beleuchter und Techniker. Damit alle Spaß am Spiel haben und die Szene gelingt, muss der Regisseur schon recht streng mit seinen Darstellern umgehen. Der Regisseur baut die Szene auf: »Schwarzwaldklinik, 520. Folge, 3. Szene. Krankenhaus – wir benötigen einige Requisiten, z.B. Krankenwagen mit Sirene, Geräte für den Operationssaal. Jetzt brauchen wir Professor Brinkmann und ein Ärzteteam, Krankenschwestern, Patienten, den Hund und die Haushälterin des Professors.«

Es liegt am Regisseur, welche weiteren Personen benötigt werden. Alle Anwesenden sollten dabei sein. Die etwas zaghaften Mitspieler können z.B. als »Geräuschemacher« fungieren und für den akustischen Hintergrund sorgen, sobald er benötigt wird. Nacheinander wird nun mit den einzelnen Darstellergruppen geprobt, bis die Szene filmreif im »Kasten« ist. Sofern der »Ton« nicht geklappt hat, die Beleuchtung oder eine Kamera (keinen Film eingelegt) nicht funktionierte, muss die Szene noch einmal gespielt werden.

Wie schon gesagt: Es liegt am Geschick des Regisseurs, ob aus einer Heimat-, Krimi-, Abenteuer- oder Märchenszene ein Spielspaß für alle wird.

Haste mal ne Mark?

Material: beliebige Behälter als »Sammelbüchse«.

Die Spielgruppe wird in »Sammler« und »Passanten« aufgeteilt. Einige gehen mit einer Sammelbüchse »durch die Straßen« und bitten für Not leidende Kinder, hungrige Tiere, unverstandene Ehemänner, ausgebürgerte Eskimos, für den Bau einer Ofenfabrik in Afrika um Geld. Andere halten als »Punks« oder »Tippelbrüder« mit gängigen Sprüchen die Hand auf.

Die Sammler stoßen auf Passanten, wie z.B. einen alten Herrn, hastige, eilige Leute, einen Polizisten, auf Hausfrauen, einen Schwerhörigen usw. Sie wollen wissen, wofür gesammelt wird, verstehen den Grund nicht, sind misstrauisch, großzügig, je nach Beharrlichkeit der Sammler.

Sieh nach, wer da ist!

Dieses Stegreifspiel, auch als »Grafensketsch« bekannt, gehört zu meinen Lieblingsspielen. Es ist immer wieder verblüffend und amüsant, da keine Aufführung der anderen gleicht. Von jeder Gruppe werden neue Ideen ins Spiel gebracht.

Für das Stegreifspiel benötigen wir jeweils drei Darsteller: einen vornehmen Grafen, einen gediegenen Kammerdiener (bzw. ein Dienstmädchen) und einen Stallknecht. Die Spielleitung gibt den Teilnehmern nun den Text einer kurzen Szene bekannt, die von den Darstellern zu spielen ist:
Kammerdiener: »Herr Graf, es hat geklopft.«
Graf: »Sieh nach, wer da ist!«
Kammerdiener: »Herr Graf, es ist der Stallknecht.«
Graf: »Mag er kommen!«
Stallknecht: »Herr Graf, die Pferde sind gesattelt.«
Graf: »Nun denn, so lasst uns ausreiten«.

Die Gruppe soll die kurze Szene in einer bestimmten Variante spielen. Entweder als Operette, Komödie, Kriminalstück, Musical, Volkstheater, Revue oder Tragödie. Die Szene kann auch an einem bestimmten Ort, zu einer bestimmten Zeit spielen, z.B. im alten China, am Hofe Neros, bei einem Scheich oder im Wilden Westen.

Jedes Gruppenmitglied hat die Möglichkeit, selbst zu entscheiden, welche Rolle es übernehmen und welche Temperamente es »sichtbar« machen will. Gespielt wird so lange, wie den Mitspielern neue Rollen einfallen. Und da werden sie staunen.

Textvariante: »Wo sind meine Ohrringe (Manschettenknöpfe)?« – »Hast du sie?« – »Ich?« – »Ja, du!« – »Nein!« – »So stirb!« (Der Spieler wird am Ende erschossen. Die Pistole besteht dabei aus gestrecktem Zeigefinger und Daumen.)

Karton-Comedy

Material: 1 Karton (Kiste oder Plastikeimer), beliebige Gegenstände, vorbereitete Zettel mit Spielformen.

Die Spieler bilden Gruppen zu je vier bis sechs Personen. Der Spielleiter stellt einen Pappkarton auf, in dem sich eine Fülle zusammengetragener Gegenstände befinden (z.B. Armbanduhr, Feuerzeug, Kugelschreiber, Büroklammer, Buch, Kerze usw.). Jede Gruppe sucht nun blind drei Gegenstände als Requisiten heraus. Zusätzlich zieht sie beim Spielleiter einen Zettel, auf dem eine bestimmte Spielform vorgegeben wird (z.B. Komödie, Kriminalstück, Märchenspiel, Wildweststory, Ritterspiel, Operette, Musical).

Aufgabe jeder Gruppe ist nun, mit Hilfe der Requisiten und der vorgegebenen Spielform innerhalb von etwa 5–10 Minuten ein Stegreifspiel zu improvisieren. Nach Ablauf der Vorbereitungszeit kommen die Gruppen wieder zusammen und führen ihre Stücke vor.

Känguru

Einige Spieler verlassen den Raum. Sobald sie wieder hereingeholt werden, sollen sie ein Tier darstellen – und zwar durch Bewegungen und entsprechende Tierlaute.

Wenn sie vor der Tür sind, verrät die Spielleitung den anderen den Trick: Die Mitspieler können alle möglichen Tiernamen nennen, nur den Namen des Tieres nicht, das der Hereingeholte darstellen will. Stellt er z.B. ein Känguru dar, dann dürfen die Mitspieler alles Mögliche »raten«, eben nur nicht das Wort »Känguru«.

Der Lacheffekt wird umso größer, je mehr der Darsteller sich bemüht, sein Tier noch deutlicher zu imitieren.

Ganz spontan

Die Spieler erhalten kurz skizzierte Spielanweisungen, die aus der Gesamtgruppe heraus in Kleingruppen vorgespielt werden.

Beispiele:

- Ein alter Mann hat ein Geschenk bekommen, wickelt es aus. Im Paket befindet sich ein merkwürdiges Küchengerät (z.B. Eierkocher), mit dem er experimentiert, ohne zu wissen, wofür das Gerät vorgesehen ist.
- Ein Einbrecher bricht in ein Haus ein, öffnet Schränke, holt eine Kassette aus dem Schreibtisch. Plötzlich Geräusche. Es öffnet sich die Tür. Er versteckt sich. Eine Person betritt den Raum …
- Eine Familie – ganz gleich, wo sie lebt und wer zu ihr gehört –, in der die Kinder bestimmen, wie würde das zugehen?
- Vater und Mutter streiten sich. Die Kinder kommen nach Hause und wollen wissen, worum es denn geht. Nach einer Weile klingelt es an der Tür. Es ist …
- Großmutter bekommt von ihrem Enkelkind beigebracht, wie man Moped fährt. (Danach Rollentausch.)

Wundertüte

Material: Einkaufstüte (Papier/Plastik), verschiedene Gegenstände.

Die Spieler sitzen im Stuhlkreis. Die Spielleitung reicht eine Tüte herum mit der Bitte, einen Gegenstand hineinzulegen. Die möglichst gut gefüllte Tüte kommt nach ihrem Rundgang zurück. Jeder Spieler greift jetzt der Reihe nach spontan ein Stück aus der Tüte. Eine Geschichte wird erzählt, bei der alle im Spiel befindlichen

Gegenstände eine Rolle spielen. Nach zwei bis drei Sätzen wird das Wort an den Nachbarn abgegeben.

Freches Aschenputtel und kernige Zwerge

Material: Verkleidungsutensilien, Requisiten.

Fast alle volkstümlichen Märchen mit einfacher Handlung lassen sich aus dem Stegreif mit einer Gruppe spielen. Ansonsten wird zur Auffrischung das jeweilige Märchen noch einmal vorgelesen.

Da Texte nicht vorgegeben sind, einigen sich die Darsteller auf einen Handlungsrahmen (Szenenfolge). Dann werden die einzelnen Rollen verteilt und die notwendigsten Kostümierungen und Requisiten besorgt. Es ist besonders belebend, wenn die einzelnen Darsteller ein bestimmtes Spieltemperament verkörpern, das vom ursprünglichen Märchen völlig abweichen kann. Schneewittchen könnte z.B. emanzenhaft sein, die Stiefmutter genießerisch, die Zwerge grob, kernige Sprüche benutzend.

Zum Nachspielen eignen sich besonders:
- Frau Holle
- Der Wolf und die sieben Geißlein
- Hans im Glück
- Rotkäppchen
- Rumpelstilzchen
- Der Froschkönig
- Dornröschen
- Aschenputtel
- Hänsel und Gretel
- Das tapfere Schneiderlein

Da fehlt doch was

Dieses Spiel enthält Elemente der Ketten- und Scherzpantomime. Die Spieler werden in Dreier- bis Fünfergruppen aufgeteilt. Die Gruppen denken sich alltägliche Handlungen aus, wie Morgentoilette, Essenszubereitung, Aufräumen usw. und spielen sie nach einer kurzen Einübungsphase den anderen vor. Beim Vorspielen wird aber ein wichtiger Teil der Szene ausgelassen, z.B. wird beim Zähneputzen die Zahnpastatube nicht wieder zugeschraubt, beim Anziehen nur ein Schnürsenkel zugebunden …

Die Szene soll möglichst echt gespielt werden, während die anderen Gruppen mit nicht mehr als zwei Versuchen zu erraten haben, was gefehlt hat.

Stichworttheater

Material: Karteikarten bzw. Zettel in vier verschiedenen Farben, Schreibzeug.

»Stichworte« können der Ausgangsstoff für viele Stegreifspiele und Improvisationen sein. Dafür ordnen wir Wörter vier verschiedenen Oberbegriffen zu und schreiben sie auf farbige Karten. Den Überbegriffen ist jeweils eine Farbe zugewiesen.

Hier einige Beispiele für »Stichwort-Karten«:

Personen	Ort	Motiv	Gegenstand
alte Dame	Kino	verliebt	Tabletten
zwei Zecher	Festzelt	Annäherung	Brille
Mann und Frau	Diskothek	Ärger	Zahnprothese
Gammler	Fundbüro	Mitleid	Radio
Liebespaar	Polizeirevier	Hunger	Schlüsselbund
Lehrerin	Badeanstalt	nervös	Kamm
Pastor	Hochsitz	Arbeit	Blumenstauß

In Gruppen von zwei bis fünf Mitspielern werden jetzt die zuvor gemischten Karten (für jeden Oberbegriff eine Karte) gezogen. Dann erfolgt in den einzelnen Spielgruppen eine kurze Absprache von etwa fünf Minuten, und die kurzen Szenen werden nacheinander vorgeführt. Die Ergebnisse können äußerst skurril sein. Bei einer Kreuz- und Querkombination könnte z.B. folgende Spielsituation herauskommen: ein Liebespaar, auf dem Hochsitz, nervös, Zahnprothese … Welch eine Situation!

Wo bin ich?

Dieses Spiel stellt einige Anforderungen an das schauspielerische Darstellungsvermögen der Teilnehmer.

Ein Spieler verlässt den Raum. Die übrigen einigen sich indessen darauf, welches Milieu dem Abwesenden vorgespielt werden soll.

Beispiele:
- im Flugzeug,
- an der Tankstelle,
- vor dem Fernsehapparat,
- in einem Striptease-Lokal,
- auf dem Fußballplatz,
- in einem Park,
- beim Angeln,
- bei einem Staatsempfang,
- in der Sauna,
- bei der praktischen Führerscheinprüfung,
- im Kino,
- im Stadthaus.

Dann wird der Spieler hereingerufen, und jeder Anwesende bemüht sich auf seine Weise, das gewählte Thema darzustellen. Selbstverständlich darf dabei kein Wort gesprochen werden. Wer seine Rolle am besten spielt, darf als Nächster raten.

Die Affen sind los

Auf Spielseminaren und in der Fachschule für Sozialpädagogik mache ich meinen Studierenden mit dem folgenden Spiel immer wieder gerne den Unterschied zwischen der Spezies Mensch und dem Affen deutlich. Im Wesentlichen geht es darum, dass der Affe völlig ungehemmt ist. Diese Verhaltensweise in einem großen Raum jetzt ausspielen zu können irritiert manche Spieler zu Beginn. Wenn der Oberaffe, sprich Spielleiter, aber erst einmal losjagt, sind auch die anderen »Affen« nicht mehr zu halten. Die Spielleitung kann eine kleine »äffische Orientierungshilfe« geben:

»Wie bewegen sich Affen im Urwald? Wo leben sie, was treiben sie? Unterschiede zwischen kleinen Äffchen und Gorilla herausarbeiten. Auf Zoobesuche hinweisen! Die Spieler ahmen, im Kreis gehend, die Bewegungen der Affen nach. Die Kopfbewegungen sind weich und schnell. Affen können sehr gut klettern, schnell sind sie oben, schauen neugierig und frech herunter, sie laufen auf andere zu, kraulen ihnen den Kopf, suchen nach Flöhen, umarmen sich. Jetzt sausen alle Affen durch den Raum. Niemand ist vor ihnen sicher.«

Tipp: Störende Stühle, Tische und sonstige Gegenstände sollten vor Spielbeginn weggeräumt werden.

Donnerwetter

Den Spielern werden Wörter vorgegeben, mit denen sie eine kurze Wetterszene spielen sollen:
- tropische Hitze,
- arktische Kälte,
- mildes Lüftchen,
- Tornados,
- Regen,
- Hagel,
- lachende Sonne.

Die Szenen können pantomimisch, aber auch verbal gespielt werden. Vielleicht inszeniert ein Spieler eine ganze »Wetterkarte«.

Aus der Erstarrung

Material: 1 Kassettenrekorder.

Die Spieler bilden einen großen Kreis. Zu einer Musik bewegen sich alle – auf ihrem Platz stehend –, als ginge eine Welle durch ihren Körper. Hält die Spielleitung die Musik an, erstarren die Spieler. Aus dieser Haltung heraus, in der sie sich gerade befinden, spielen sie eine Rolle bzw. Typen; z.B. eine gebückte, alte Frau; einen Aufschneider; einen zackigen Soldaten; einen Betrunkenen.

Die Spieler erkennen bei diesem Spiel, dass eine bestimmte Körperhaltung entsprechende Rollenassoziationen fördert.

Große Gesten

Der Spielleiter erklärt, dass er berühmte Hand- und Armbewegungen ebenso berühmter Persönlichkeiten vorführen werde. Wer zuerst die betreffende Persönlichkeit erraten hat, ruft laut ihren Namen und erhält einen Punkt.

Für jeden falschen Namen gibt es einen Punkt Abzug von der Quiz-Gesamtpunktzahl.

Beispiele:
1. Bill Clinton: Hand aufs Herz
2. Napoleon: rechte Hand steckt im Jackett
3. Berti Vogts: Hände vors Gesicht
4. Winnetou: Hand vor der Stirn (Späherblick)
5. Helmut Kohl und Boris Jelzin: Bruderkuss

Zug um Zug

Material: vorbereitete Zettel (»Fahrkarten«) mit Rollenangaben.

Für dieses Spiel, das sich besonders gut zur Hinführung ins Rollenspiel eignet, stellen wir einige Stühle zu einem Eisenbahnabteil zusammen.

Der Zug fährt von einer Bahnstation zur anderen. Fahrgäste steigen ein und aus. Am Bahnhof steht ein Fahrstellenleiter, der jedem Fahrgast, der neu dazusteigt, eine »Fahrkarte« aushändigt. Auf dieser Karte steht die Rolle, die der neue Fahrgast im Abteil zu spielen hat (z.B. Greis, Besserwisser, Aufschneider, Rücksichtsloser usw.).

Wenn einem Spieler nichts mehr einfällt oder er vielleicht eine andere Rolle ausprobieren möchte, steigt er einfach an der nächsten Bahnstation wieder aus.

So kommt es bei diesem Spiel immer wieder zu neuen abwechslungsreichen Begegnungen im Zugabteil. Sie lassen sich beliebig umgestalten und verändern.

Guten Morgen

Eine Reihe von Improvisationsmöglichkeiten rund um das Thema »Aufwachen« in verschiedener Laune oder Verfassung – einzeln oder in der Gruppe zu spielen. Die Spieler probieren aus und beachten die Unterschiede. Die Gemütsverfassung wird mit dem ganzen Körper gespielt: munter, missmutig, noch halb im Schlaf, traurig, schwindlig, erkältet, müde, schlecht aufgelegt, gut ausgeschlafen, bei den üblichen morgendlichen Verrichtungen.

Das Paket

Material: 1 großer Karton.

Als einziges Requisit wird ein möglichst großer Karton auf den Tisch oder auf einen Stuhl gestellt. Jemand packt das Paket aus und muss nun versuchen, den Inhalt mit pantomimischen Mitteln deutlich zu machen. Welche interessanten Dinge befinden sich im Paket?

Vor dem Schalter

Ein beliebtes Motiv: der Bürger am Behördenschalter.

Die XY-Behörde ist geöffnet. Hinter einem imaginären Schalter sitzt ein Spieler. Vor dem Schalter steht eine Schlange aus etwa vier bis sechs Bittstellern, die auf den Ruf »Der Nächste bitte!« nacheinander ihre interessanten und hochwertigen Wünsche und Sorgen vortragen.

An den Fragen, Antworten und Ratschlägen werden alle Teilnehmer ihre helle Freude haben.

Schiffbrüchig

Bei diesem »Titanic-Spiel« gibt die Spielleitung folgende Anweisung:

»Du bist ein Schiffbrüchiger, dem es gelingt, auf einer unbekannten Insel an Land zu kommen. Mit allerletzter Kraft schleppst du dich erschöpft zum Strand hinauf und bleibst dann liegen. Nach einiger

Zeit tauchen Menschen auf und sprechen dich an. Du verstehst nicht, was sie sagen, und sie verstehen auch dich nicht. Vielleicht macht die Situation sie ängstlich, misstrauisch oder skeptisch dir gegenüber … während du auf ihre Hilfe angewiesen bist. Wie fängst du es an, dich verständlich zu machen, wie kannst du Kontakt gewinnen?«

Es kann mit Gestik und Mimik berichtet werden, was geschehen ist. Jeder versucht pantomimisch zu erreichen, dass man ihm hilft.

Zirkus Schlapplach

Material: Verkleidungskiste, gegebenenfalls Schminke, Seil, Kartons, Wasserglas, Kassettenrekorder mit entsprechenden Musikaufnahmen.

Ein schönes, großes Improvisationsspiel – besonders für Kinder – an dem alle beteiligt sind. Akteure und Zuschauer bilden eine Spielgruppe. Zirkusdirektor Schlapplach (Spielleitung mit großem Schnurrbart) kündigt mit wortgewaltiger Stimme die sensationellen Nummern an.

Es treten z.B. auf:
- Ein oder zwei Clowns (ausgelassen, tollpatschig, nachdenklich oder melancholisch).
- Die Seiltänzerin (mit Schirm auf einem am Boden liegenden Seil hin und her balancierend).
- Der stärkste Mann der Welt »Mr. Bizeps«. Er stemmt drei Luftballons auf einmal. Da bleibt den Zuschauern die Luft weg.
- Ein indischer Schlangenbeschwörer lehrt uns das Gruseln mit seinen Krawatten-Schlangen, die er teils mit der bloßen Hand, teils mit einer Flöte (die über einen Faden mit der »Schlange« verbunden ist) aus einem Karton hervorlockt.
- Es darf auch nicht der mutige Dompteur fehlen, dessen hypnotischer Blick und kleine Peitsche drei überaus gefräßige Löwen zu bändigen weiß.
- »Herr Smörrebröd«, der dänische Wassertrinker kündigt mit großem Brimborium an, ein halbes Glas Wasser in einem einzigen Zug auszutrinken.

- Es folgt der Flohdresseur. Er lässt uns anhand seiner Kopfbewegungen an den halsbrecherischen Kunststücken seiner schier unsichtbaren Lieblinge teilhaben.
- Das Zirkusorchester (mit Dirigent) sorgt für Musik, Tusch und Trommelwirbel (auf beliebigen Gegenständen zum Play-back von Kassettenrekorder oder Schallplattenspieler).

- Ein Bauchladenhändler geht durchs Publikum und verkauft Programme, »Klatsch- und Lachtabletten«.
- Die Zuschauer klatschen, prüfen ungläubig die Muskeln von »Mr. Bizeps«, bekommen Angst bei der Löwennummer, staunen, lachen oder pfeifen. Zuschauer ist immer, wer gerade nicht selbst in der »Manege« auftritt.

Die Zirkusnummern lassen sich beliebig erweitern. Gespielt wird, so lange Lust und Laune in der Gruppe vorhanden sind.

Tolle Situationen

Material: Verkleidungsutensilien.

Die folgenden Spielanregungen bieten genügend Möglichkeiten zur freien Improvisation in der Gruppe. Es sind kleine Szenen, die von Aktion, Emotion und Situationskomik leben und gleichzeitig schöne Vorübungen für Black-out, Sketsch und Kabarett darstellen.

1. Eine Aufgabe wird gestellt oder von den Spielern selbst ausgesucht oder erdacht.
2. Die Spielpartner sprechen den Handlungsablauf durch.
3. Erstes Vorspielen der Szene.
4. Gespräch über die Durchführung; Rückmeldung geben.
5. Wiederholungen bzw. mögliche Variationen werden durchgespielt.

   - Ein unerzogenes Kind kauft zusammen mit seiner Mutter im Supermarkt ein.
   - Du bist Opernstar und trällerst imaginär in entsprechender Pose eine »Fantasie-Arie«.
   - Du sitzt Modell a) einem Fotografen, b) einem Kunstmaler.
   - Temperamentvoller und ein phlegmatischer Kellner decken zu zweit den Tisch für ein Festmahl.
   - Drei Menschen mit unterschiedlichem Temperament arbeiten nebeneinander am Fließband.
   - Extrem kurzsichtige Dame – ohne Brille – sucht im Kaufhaus nach einer bestimmten Ware.
   - Verzweifelt wird versucht, ein Kleid anzuziehen, bei dem der Reißverschluss klemmt.
   - Vor dem Badezimmerspiegel bei der Morgentoilette nach einem Fest.
   - Halte eine imaginäre Rede vor einer Versammlung der Imkervereinigung.
   - Angler kämpft mit einem großen Fisch, der sich losreißen will.
   - Kellner serviert ein Menü in vier Gängen.
   - Zwei Kinder auf einem Spielplatz streiten sich um einen Ball.
   - In der Lotto-Annahmestelle holt ein Gewinner sein Geld ab.

- Freundliche/unfreundliche Fisch-, Obst- oder Käseverkäuferin bei der Arbeit.
- Kunde will getragenes Kleidungsstück umtauschen.
- Lehrer soll wieder einmal Vertretungsstunden übernehmen.
- Drei verschiedene Charaktere treffen im Zugabteil aufeinander.
- Prüfungssituation: nervöser Prüfungskandidat und zerstreuter Medizin-Professor (beliebige andere Fach-Prüfungen).
- Immobilienmakler (Autoverkäufer, Zeitschriftenwerber) versucht, Kunden zu überreden.
- Zwei Menschen telefonieren miteinander. Sprechen jedoch aneinander vorbei, um am Ende festzustellen, dass es schön war, wieder einmal miteinander gesprochen zu haben.
- Spiele pantomimisch einen selbst gewählten Werbespot.
- Drei Patienten mit unterschiedlichem Temperament treffen sich im Warteraum eines Zahnarztes.
- Eine zerstreute Person sucht ihren Kugelschreiber, den sie zum Schluss in ihrer Jacke findet.
- Eine Gaststätte. Drei verschiedene Gäste verspeisen unterschiedliche Gerichte.
- Pizzabäcker beim gekonnten Herstellen einer Pizza.
- Kundin im Textilgeschäft beim Anpassen eines viel zu engen/zu großen Kleidungsstücks.
- Energische Mutter gibt ihrem Kind Beispiele für richtiges Verhalten.
- Familie am Frühstückstisch.
- Zwei Fremde auf einer Parkbank (z.B. stört einer den anderen ständig durch Fragen).
- Gerichtsvollzieher will pfänden (recht schräge Familie sitzt auf der Couch).
- Kollegentratsch in der Mittagspause.
- Menschen im Zoo vor einem Affenkäfig.
- Im besonders vornehmen Restaurant hats nicht geschmeckt.
- In einem Heiratsinstitut (verschiedene Kandidaten/Kandidatinnen).
- Staubsaugervertreter an der Haustür.
- Situation während einer beliebigen Schulstunde.

- Verkaufsgespräch an einem Stand auf dem Wochenmarkt.
- Drei Patienten im Zimmer eines Krankenhauses (unterschiedliche Charaktere).
- In einer Schlange vor der Supermarkt-Kasse (verschiedene Typen).
- Pärchen im Kino (alte Dame mustert die beiden).
- Auf der Polizeiwache (kleine Ganoven, Zecher, Prostituierte).
- Zwei Personen, die sich noch nie gesehen haben, wollen sich in einem Restaurant treffen.
- Behördenbesucher möchte einen Antrag stellen (Bauamt, Ordnungsamt, Finanzamt usw.).
- Familie vor dem Fernsehapparat.
- Altkluges Kind wird von Eltern aufgeklärt.
- Tochter, 17 Jahre, teilt ihren Eltern mit, dass sie sich restlos in einen 45-jährigen Mann verknallt hat.

Entwickeln Sie in Ihrer Gruppe weitere Spielvorschläge. Überlegen Sie dabei gemeinsam, ob Sie der Pantomime eine groteske, elegische (gefühlvolle), lyrische oder tragische Note geben wollen. Aus der Idee und dem Stoff wird dann die Handlung entwickelt.

Promi-Talk im Kanal

Material: Verkleidungen, eventuell Schminke und Videokamera (es reicht auch eine Attrappe, um TV-Atmosphäre zu erzeugen).

Talkshows unterschiedlichster Qualität prasseln täglich auf die Fernsehzuschauer nieder. Einzige Rettung ist meist der Abstellknopf. Die Talkrunden reichen von seriösen Gesprächen bis zur Nabelschau intellektuell einfach strukturierter Selbstdarsteller. Jedes Mal sind auch die altbekannten Gesichter von Sängern, Schauspielern, Politikern und Sportlern dabei, die entweder ein Buch, einen Film, eine CD oder eine esoterische Erleuchtung (»Ich spreche jede Nacht mit Marlene Dietrich«) anzubieten haben. Für unsere Talkshow-Parodie im »Talk-Kanal« schlüpft ein Mitspieler (oder die Spielleitung) in die Rolle des Talkmasters, der mit vier bis fünf anderen Spielern als »prominenten bzw. exotischen Gästen« plaudert, z.B. mit Modekönig Karl Lagerfeld, Theologin Uta Ranke-Heinemann, mit der Prostituierten »Domenica«, mit dem Bundeskanzler und dem Papst. Eine gewisse rhetorische Gewandheit des Talkmasters und ein spontanes Reagieren auf Fragen nach dem »Berufs- und Privatleben« der Gäste tragen zum Gelingen der Talkshow bei. Zur Typisierung der dargestellten Personen reichen wenige Utensilien und die Überzeichnung charakteristischer Merkmale (Lächeln, Aussprache, Gestik, Mimik). Besonders unterhaltsam wird die Talkshow für alle – Akteure wie Zuschauer –, wenn die Gäste ein Thema sehr kontrovers diskutieren oder womöglich noch kurz vor Ende ein Überraschungsgast (z.B. Boris Becker, Joschka Fischer) auftritt.

Am Ende kommt der »Clou«

Black-out – der gespielte Witz

Das Wort »Witz« wird als »geistreicher Scherz« definiert, wobei jeder für sich selbst ausmachen wird, welche Art von Scherz ihn besonders anspricht. Die Auffassungen, worüber man lachen kann und was »man«, als »gar nicht witzig« oder womöglich »geschmacklos« bezeichnet, sind bei uns in Deutschland noch immer von einem besonderen Bierernst getragen. Anders lässt sich die im Jahre 1998 bundesweit geführte »ernsthafte (!)« Diskussion um die Teilnahme eines Guildo Horn aus Trier am »Grand Prix« in Birmingham nicht erklären. Auch in der Schule soll es heute immer noch Lehrer geben, die glauben, dass dort, wo gelacht wird, nicht gelernt wird. Bezogen auf die Schule führt dieser Umstand gerade bei Erwachsenen zu einer Re-Identifikation mit ihrem einstigen Schülerdasein, und die vermeintlich würdevolle Amtsmiene der scheinbaren »Alleswisser« wird im Spiel zur Karikatur, über die man Lachtränen vergießt.

Nicht alle Witze über Berufsgruppen, Situationen und menschliche Eigenheiten sind als gespielter Witz geeignet. Manche, von den platten, krankhaften Pseudowitzen (»sick-jokes«) einmal abgesehen, wirken nur in der Erzählung, jedoch nicht im Spiel.

Der gespielte Witz ist durch kurze, stark pointierte Darbietungen gekennzeichnet. Meist erfolgen mehrere Schlag auf Schlag hintereinander. Die Spieler müssen sich beim Spiel auf das Wesentliche beschränken und präzise aufeinander einstellen.

Jeder gespielte Witz sollte nicht mehr als zehn Sätze umfassen. Anregungen finden sich in Zeitungen, Illustrierten, Witz- und Karikatursammlungen, die zum Teil nur etwas für das Spiel zu bearbeiten und auszuschmücken sind. Auch Illustrationen lassen sich gut als gesprochene Szenen darstellen.

In der Regel sind die Figuren in einem Witz »Typen«, die in ihrer Rollengestalt herausgearbeitet werden müssen. Meist, jedoch nicht immer, sind die Personen im Witz klar gezeichnet. Wenn wir einen Witz spielen wollen, in dem z.B. zwei Männer (z.B. Arzt und Patient) vorkommen, müssen wir herausarbeiten, welchen Typ diese beiden Männer verkörpern, ob sie launisch, arrogant, ängstlich, ahnungslos, dumm, verschmitzt, ängstlich, aggressiv oder sonst wie gekennzeichnet sind. Es ist also zu überlegen, wie die im Witz auftretenden Personen aussehen, sprechen, sich bewegen und benehmen sollen.

Der Witz hat eine Pointe. Sie ist das Ziel, der Clou und zugleich der Schluss des kleinen Stückes. Das Spiel vor der Pointe stellt den Zuschauern rasch die handelnden Personen, den Ort und gegebenenfalls die Zeit des Geschehens vor. Es können für das Spiel auch Personen erfunden und einbezogen werden, die im erzählten Witz nicht vorkommen. Damit der gespielte Witz beim Publikum erfolgreich ankommt, müssen alle beteiligten Spieler konzentriert zusammenwirken.

In der Fachsprache bezeichnet man den gespielten Witz auch als »Black-out« (»Schwarz-aus«), da beim Bühnenspiel mit der Pointe schlagartig das Scheinwerferlicht ausgeschaltet wird. Berufs- wie auch gute Amateurkabaretts und Comedy-Gruppen arbeiten mit diesem technischen Mittel, während das Medium Fernsehen nach der Pointe den »harten Schnitt« setzt und so nahtlos von einer gespielten Witzszene zur anderen überleitet.

Material:

Was wird gebraucht?

Wenn Black-outs auch ohne Requisitenaufwand gut zu spielen sind, kann von Szene zu Szene ein kleiner Fundus hilfreich sein:

Bettlaken, Stoffe, Schminke, Bärte, Perücken, Kassettenrekorder, Musikkassetten, Geräuscheaufnahmen, Bekleidung (Jacken, Hosen, Mäntel, Röcke, Tücher), Lampen, Stühle und Tische fürs Bühnenbild.

Von Paukern und Pennälern

Die Schule ist immer wieder ein dankbares Thema für Stegreifspiele und Parodien und eine gute Einstiegsmöglichkeit in den spielbaren Witz (siehe auch unter »Sketsch«).

Bearbeitete Vorschläge:

Starkstrom

»Woher kommt der elektrische Strom?«, fragt die Lehrerin die Klasse. Meldet sich einer: »Aus dem Urwald.« »Aus dem Urwald? Wie kommst du denn auf diesen Blödsinn?« »Heute Morgen, als mein Vater sich rasieren wollte, ging das Licht aus, und da hat er geschimpft: Jetzt haben diese Affen schon wieder den Strom abgeschaltet.«

Abendmahl

»Was sind die sichtbaren Zeichen beim Abendmahl«, fragt der Religionslehrer. »Brot und Wein.« »Richtig. Und was sind die sichtbaren Zeichen bei der Taufe?« »Kaffee und Kuchen!«

Entscheidungen

Sagt der Lehrer: »Ihr müsst im Leben eure Entscheidungen immer nach bestem Wissen treffen. Eva, wenn dich jemand in ein Café einlädt, du aber zur selben Zeit in die Schule müsstest – was würdest du wählen?« »Erdbeer mit Sahne!«

Der Primus

»Wer glaubt, dass er ein Dummkopf ist«, sagt der Lehrer zur Klasse, »der soll aufstehen.« Längere Pause. Dann steht der Primus auf. »Was denn«, wundert sich der Lehrer, »du als Klassenbester hältst dich für einen Dummkopf?« »Eigentlich nicht, aber ich bringe es nicht fertig, Sie als Einzigen stehen zu sehen.«

Wilde Tiere

»Stimmt es, Herr Müller, dass wilde Tiere niemals einen Menschen anfallen, der eine brennende Fackel trägt?« fragt der Schüler. Antwortet der Lehrer: »Das kommt darauf an, wie schnell er sie trägt.«

Acht Beine

Schüler zur Lehrerin: »Es hat acht Beine, grüne Augen und einen gelben Rücken – was ist das?« »Das weiß ich nicht.« »Ich auch nicht, aber es läuft gerade über Ihr Kleid!«

Große Tiger

Lehrer: »Walter, ich habe dir doch gesagt, dass man trotz der Rechtschreibreform alles großschreibt, was man anfassen kann, und du schreibst Tiger mit einem kleinen T!« Schüler verwundert: »Aber ich habe im Bio-Unterricht immer gehört, dass man Tiger nicht anfassen soll!«

Bewertung

Lehrer: »Susanne, du machst in letzter Zeit einen schläfrigen Eindruck auf mich!«
Susanne: »Das ist das Talent, das in mir schlummert, Herr Hufnagel.«
Lehrer: »In diesem Jahr muss ich dir leider eine 6 in Deutsch geben.«
Susanne: »Aber warum denn eine 6?«
Lehrer: Weil es keine schlechtere Note gibt.«

Ewige Existenz

Der Religionslehrer will den Kindern die ewige Existenz Gottes erklären: »Gott war schon da, als eure Eltern und Großeltern und Urgroßeltern lebten. Gott wird da sein, wenn eure Kinder und Enkel gestorben sein werden. Wie bezeichnet man diese Eigenschaft?«

Kurzes Zögern in der Klasse. Ein Kind meldet sich. Lehrer: »Ja, Klaus-Dieter.« Klaus-Dieter: »Er ist ungeheuer zäh!« Lehrer: »Na, gut! Weiß denn auch jemand, was der Mensch tun muss, um in den Himmel zu kommen?« Rudi strahlend: »Na klar, sterben!«

Von wo kommt was?

Die Lehrerin in der Schule erklärt: »Unsere Zahlen haben wir von den Arabern, den Kalender von den Römern und das Glas von den Ägyptern. Kann mir jemand ein ähnliches Beispiel nennen?« Schüler meldet sich: »Das Bügeleisen haben wir von Lehmanns, den Staubsauger von Maiers, das Geld von der Kreditanstalt und meinen jüngsten Bruder von unserem Untermieter, Herrn Schulz.«

Biologie

Lehrer: »Schlagen Sie bitte Ihre Bücher auf und lesen Sie Seite 142 das Kapitel über den Darm durch ...« Ein Schüler meldet sich: »Herr Dr. Specht, Sie wollten doch heute über das Gehirn sprechen!« Lehrer: »Ein anderes Mal, heute habe ich etwas anderes im Kopf!«

Aus zwei Elternsprechstunden:

Wilhelm Tell

Die Lehrerin sagt zum Vater eines Schülers: »Ihr Richard wird von Tag zu Tag frecher. Gestern habe ich ihn gefragt, wer den ›Wilhelm Tell‹ geschrieben hat, und da erwiderte er mir: ›Ich nicht!‹ ›Na, ja‹, meint der Vater des Jungen, ›ein Frechdachs‹ ist er ja, der Richard, aber lügen tut er nicht! Vielleicht hat der den ›Wilhelm Tell‹ wirklich nicht geschrieben!«

Pubertät

Lehrerin: »Ihr Sohn hat große Probleme mit dem Lernen. Er pubertiert sehr stark.« Mutter: »Ach je, und ich sag ihm jeden Tag, er soll sich waschen, bevor er zur Schule geht!«

Kleine liebenswerte Alltagsszenen

An der Haustür

Es klingelt. Eine Frau öffnet die Haustür und sagt: »Ja, bitte?«
»Könnte ich mal bei Ihnen telefonieren?«, fragt ein Mann.
»Tut mir Leid, ich habe kein Telefon.«
»Zahlen Sie Hundesteuer?«
»Nein, ich habe keinen Hund.«
»Aber Sie wissen doch, wie hoch die Gebühren für Waffenscheine sind?«
»Nein, eine Waffe habe ich auch nicht.«
»Dann machen Sie mal den Geldschrank auf – dies ist ein Überfall!«

Auf der Wache

Polizist zum Festgenommenen: »Sie hatten bei der Razzia keine Papiere bei sich und konnten sich nicht ausweisen. Also: Wie heißen Sie?«
»Meier!«, erwidert der Gefragte.
Wütend knurrt der Polizist ihn an: »Ausgerechnet Meier. Schwindeln Sie nicht! Sagen Sie Ihren richtigen Namen!«
»Sie glauben mir nicht?«, meint da der Verdächtige. »Dann schreiben Sie: Johann Wolfgang von Goethe!«
»Na also, warum nicht gleich!«, sagt der Polizist befriedigt. »Mich können Sie doch nicht für dumm verkaufen«.

Ohne Auto

Ein Mann torkelt angetrunken über den Parkplatz. Bei jedem Auto streicht er mit beiden Händen über das Dach, schüttelt den Kopf und torkelt weiter. Ein Passant sieht das und fragt interessiert, was das denn solle, worauf der Betroffene antwortet, er suche sein Auto. »Aber das finden Sie doch nicht auf diese Weise, die Dächer sind doch alle gleich!« »Bei meinem Auto nicht, da ist oben so'n blaues Licht drauf!«

Alte Dame

Alte Dame bittet einen Passanten: »Können Sie mich über die Kreuzung bringen?« »Aber gerne.« »Und warum gehen wir nicht?« »Weil wir warten müssen, bis die Ampel grün ist.« »Junger Mann«, faucht die alte Dame, »dann kann ich auch alleine gehen!«

Eintrittskarten

Ein Mann fragt an der Theaterkasse: »Haben Sie auch Karten für die vierte Reihe?« »Ja, mein Herr!« »Auch für die achte Reihe?« »Auch das, mein Herr«. »Und für den Rang?« »Ja, auch noch für den Rang!« »Dann vergessen Sie's. Das Stück scheint ja wirklich miserabel zu sein!«

Tolle Rolle

Theaterdirektor: »Also gut, Fräulein Dolteschall, wenn ich die Rolle einer älteren Dame zu besetzen habe, rufe ich Sie an«. »Aber Herr Intendant, ich bin doch noch gar nicht so alt«, stellt die junge Schauspielerin verwundert fest. Darauf der Intendant: »Jetzt noch nicht. Aber warten Sie mal, bis ich Sie anrufe ...«

In der Tierhandlung

Kundin kommt in eine Tierhandlung und erklärt dem Verkäufer: »Also, ich möchte einen Hund haben, mittelgroß, braun und weiß, schlank wie ein Windhund, aber mit einem ganz großen Kopf und einem buschigen Schwanz, dazu kleine, dünne Beinchen. Haben Sie so was?« »Da müssen Sie in einigen Monaten wieder kommen«, sagt der Verkäufer. Kunde: Haben Sie denn so etwas nicht?« Verkäufer: »Nee! Bisher haben wir so was einschläfern lassen!«

Im Tabakladen

Ein Mann stürmt in den Tabakladen und schreit: »Eine Packung Streichhölzer – ich hab's ganz eilig!« Schimpft der Verkäufer: »Brüllen Sie doch nicht so! Ich bin schließlich nicht taub – mit oder ohne Filter!«

Der 100. Geburtstag

Reporterin: »Meine Damen und Herren, wir berichten heute aus der Wohnung von Kurt Sawatzki. Herr Sawatzki, zunächst herzlichsten Glückwunsch zum 100. Geburtstag. Verraten Sie uns, was Sie mit den 1000 Mark machen, die Sie von der Gemeinde zum Geburtstag bekommen haben?« Herr Sawatzki: »Na, was glauben Sie? Die hebe ich mir für meine alten Tage auf.«

In der Apotheke

Ältere Dame zur Apothekerin:

»Haben Sie Abitur?«
»Ja!«
»Und studiert?«
»Selbstverständlich!«
»Und Examen?«
»Aber ja!«
»Mit Prädikat?«
»Auch das!«
»Gut, dann bitte einmal Pfefferminztee!«

Das Mahnschreiben

»Nein, nein«, bemängelt der Direktor den Brief seiner Sekretärin an einen säumigen Zahler, »dieses Schreiben ist zu massiv gehalten, der Mann soll schließlich nur an die Zahlung erinnert und nicht beleidigt werden.« Auch an der nächsten Fassung des Briefes hat er zu kritisieren: »Noch zu hart formuliert. Bitte nur einen kurzen, höflichen Hinweis auf den verstrichenen Zahlungstermin.« Als der Chef schließlich die dritte Ausfertigung durchsieht, liegt ein zufriedenes Lächeln auf seinen Lippen: »Jawohl. Das gefällt mir. So wollte ich es haben. Den Brief können Sie nun ins Reine tippen. Beachten Sie aber bitte die Rechtschreibung: Verdammter schreibt man mit zwei m und Betrüger ohne h!«

Rechengenie

Ein Reporterteam besucht einen Bauern, der ein Rechengenie sein soll. Er löst einige Aufgaben. Reporter stellt z.B. Aufgaben: »Wie viel sind 592 mal 113?« Der Bauer: »Ganz einfach. Das sind ganz genau 66.896!« Die Reporter sind begeistert und stellen ihm jetzt eine letzte Aufgabe. »Herr Mackeprang, Sie sehen hier diesen Ameisenhaufen. Wie viele Ameisen sind das?« Der Bauer wirft einen flüchtigen Blick darauf und antwortet bedächtig: »51.421 Stück!« Alle sind verblüfft. »Wie haben Sie das herausbekommen?« Meint der Bauer: »Ganz einfach: Beine gezählt und durch sechs geteilt.«

Das Brot

»Mama, ich mag mein Brot nicht mehr!«
»Mein Junge, iss dein Brot auf, damit du groß und stark wirst!«
»Wozu soll ich denn groß und stark werden?«
»Damit du mal was Ordentliches arbeiten kannst.«
»Wofür soll ich denn was Ordentliches arbeiten?«
»Damit du dir dein Brot selber verdienen kannst.«
»Aber ich mag doch kein Brot!«

Im Zirkus

Zirkusdirektor: »Ja, Herr Alberti, Sie wollen also in meinem Zirkus arbeiten.« Artist: »Unbedingt, Herr Direktor. Ich habe eine ganz tolle Nummer. Ich springe auf ein sechs Meter langes Krokodil, reiße ihm das Maul auf, stecke meinen Kopf hinein und singe Love me tender!« Der Zirkusdirektor: »Hören Sie auf, wer will denn heute noch so einen alten Schmarren hören?«

Auf der Parkbank

Eine junge Frau sitzt auf der Parkbank. Ohne Umschweife steuert ein aufdringlicher Typ auf sie zu. »Halli, hallo!«, säuselt er, »Ich finde Sie einfach toll. Was müsste ich Ihnen geben, damit wir uns näher kommen?« Die junge Frau mustert den Mann nur kurz und meint dann kühl: »Chloroform!«

Glück gehabt

Trauergemeinde. Ein Herr wendet sich an die Witwe: »Wie konnte es denn geschehen?« »Ach, ich habe ihn nur über die Straße geschickt, einen Liter frische Milch zu holen. Da kam ein Auto und schon war es geschehen!« »Mein Gott, was für eine Tragödie!« »Es war nicht so schlimm, ich hatte ja noch H-Milch im Haus.«

Auge um Auge

Gespräch unter Nachbarn: »Tut mir Leid, dass gestern zwei meiner Küken durch den Gartenzaun geschlüpft sind und Ihren Samen aufgepickt haben.« »Halb so schlimm. Mein Kater hat heute früh Ihre Küken dafür gefressen!« »Dann ist ja alles in Ordnung, ich hab nämlich eben Ihren Kater überfahren …!«

Dialekt

Auf dem Münchener Hauptbahnhof fällt die Tochter ihrem Vater um den Hals und gesteht: »I kriag a Kind!« Stöhnt der Vater: »Zum

Donnerwetter, jetzt habe ich dich vier Jahre auf ein Schweizer Internat geschickt, und du sprichst immer noch Dialekt.«

Schreckhaft

Ein Mann steht am Straßenrand und ruft die vorbeifahrenden Taxis an: »Taxi! Taaxi!« Endlich hält eines; der Mann steigt ein. »Zum Bahnhof, bitte!« Der Taxifahrer nickt und fährt los. Plötzlich scheint sein Fahrgast es sich anders überlegt zu haben. »Das heißt ... Moment bitte!«, sagt er und tippt dem Taxifahrer von hinten auf die Schulter. Der Taxifahrer zuckt zusammen, macht eine Vollbremsung und schreit: »Hiiiilfe!« »Ja, um Himmels willen, was ist denn los mit Ihnen?«, fragt der Fahrgast erstaunt. Sehr erschrocken dreht sich der Taxifahrer zu ihm um. »Bitte, tun Sie das nie wieder«, sagt er mit zittriger Stimme. »Ich bin da sehr schreckhaft – bis gestern habe ich einen Leichenwagen gefahren!«

Zum Diktat

Der Chef diktiert seiner Sekretärin: »Anrede wie immer, übliche Einleitung, Ihr Schreiben vom Soundsovielten dankend und so weiter. Leider können wir im Augenblick nicht bla, bla, bla. Wir hoffen aber pi, pa, po. Schluss wie gehabt. Und jetzt lesen Sie mir das Ganze noch einmal vor!«

Ehepaar

Ehepaar auf der Couch, nebeneinander sitzend.
»He, Gottfried, hast du was gesagt?«
»Was?«
»Ob du was gesagt hast?«
»Ob ich was?«
»Ob du was gesagt hast?«
»Wer?«
»Du!«
»Wann?«
»Jetzt!«
»Nö, das war gestern.«

Im Museum

Eine alte Dame ist vom langen Herumlaufen im Museum ganz müde geworden und lässt sich erschöpft in einen Sessel fallen.

Ganz aufgeregt kommt der Museumsaufseher angerannt: »Sie können hier nicht sitzen – das ist der Sessel von Friedrich dem Großen!« – »Wenn er kommt, stehe ich natürlich auf.«

Wie Sie aussehen ...

Ein junger Bursche, etwas »punkiger Typ« sitzt im Zugabteil. Ihm gegenüber ein sehr nobler, eleganter Herr, der äußerst ernst und geradezu versteinert dreinschaut. Dem jungen Burschen ist furchtbar schlecht. Der Zug rumpelt plötzlich. Im Magen des Burschen macht es »knulpsch«, und der vornehme Herr hat die ganze Sache auf seinem Anzug. Er springt auf und schreit empört: »So eine Schweinerei! Was erlauben Sie sich eigentlich, Sie dreckiges altes Ferkel, Sie ...!«

Das lässt sich der Punker nicht gefallen. »Wie nennen Sie mich? Altes, dreckiges Ferkel sagen Sie zu mir? Schauen Sie sich doch mal selber an! Wie Sie aussehen, einfach ekelig!«

Banküberfall

Mit vorgehaltener Pistole stürmt ein maskierter Räuber in die Bank und schiebt dem Kassierer einen Zettel zu. Der liest und gibt den Zettel zurück: »Muss ein Irrtum sein, auf dem Zettel steht: Drei Pfund Kartoffeln, Backpulver, Persil, zehn Eier – und vergiss die Wäsche nicht!«

Vertreterstammtisch

Drei Vertreter sitzen abends beim Bier zusammen und erzählen: »Ich habe einem Bauern eine Melkmaschine verkauft und seine einzige Kuh in Zahlung genommen«, sagt der eine.

»Ich habe jemandem eine Kuckucksuhr verkauft und dazu einen Zentner Futter für den Kuckuck!«

»Und ich habe einem einen Anzug aufgeschwätzt, der einen roten und einen grünen Ärmel hatte und einen gelben Kragen!« »Und hat der nichts gemerkt?« »Nein, nur der Blindenhund hat geknurrt!«

Belehrungen

Ein junger Mann betritt den Tante-Emma-Laden von Frau Geismann.
»Tag, Frau Geismann. Ich möchte bitte ein Päckchen Gelatine.«
»Gern, aber man sagt Schelatine.«
»Und dann noch ein Glas Gelee.«
»Gern, aber man sagt Schelee.«
Der junge Mann verärgert: »Nun sagen Sie mir bloß, bin ich bei Frau Geismann oder bei Frau Scheismann?«

Er und Sie

Gelangweilt wirkendes Paar sitzt nebeneinander.
Er: »Du, wo steht das Bier?«
Sie: »Links.«
Er: »Und wo sind die Zigaretten?«
Sie: »Rechts.«
Er: »Und die Knabbereien?«
Sie: »Auf der Ablage.«
Er: »Weißt du, wo die Zeitung liegt?«
Sie: »Ja.«
Er: »Kannst du sie mir mal holen?«
Sie: »Sag mal, spinnst du? Ich mache Urlaub!«

Das Radio

Mietshaus. Die Nachbarin läutet an der Tür.
»Ja, bitte?«
»Ihr Radio ist aber zu laut.«
»Was sagen Sie?«

»Ich sagte, Ihr Radio ist zu laut.«
»Wie bitte?«
»Unverschämtheit! Ihr Radio ist zu laut!«
»Entschuldigung. Ich kann Sie nicht verstehen, mein Radio ist zu laut!«

Entdeckungen

Aufgebracht kommt der kleine Sohn zu seinem Vater: »Es gibt ja gar keinen Weihnachtsmann. Du spielst immer den Weihnachtsmann. Den Koffer mit dem Bart und der Kaputze habe ich eben auf dem Boden gefunden. Na, und einen Osterhasen gibt es auch nicht …«

»Hast du sonst noch was entdeckt?«, unterbricht der Vater belustigt den Redeschwall seines Filius.

»Ja – es gibt auch keinen Klapperstorch! Die Babys werden geboren, aber das eine sag ich dir – den Bohrer finde ich auch noch!«

Im »Restaurant Patzig«

In diesem Restaurant, der Name »Patzig« sagt es, geht's nicht immer gerade gastfreundlich zu. Aber auch »König Kunde« vergreift sich schon mal im Ton. Black-outs zum Thema Restaurant lassen sich sehr gut mit einigen Stühlen und Tischen in Szene setzen.

Kein Zimmer frei!

In der Eingangshalle eines vornehmen Hotels.
»Tut mir Leid«, wehrt der Portier ab, »kein Zimmer mehr frei!«
»Ach nee«, meint der eingetroffene Gast, »Wenn ich Ihnen aber sagen würde, der Bundespräsident käme, dann hätten Sie wohl noch ein Zimmer, was?!«
»Das ist ja auch etwas ganz anderes, mein Herr, natürlich wäre dann ein Zimmer frei.«
»Na schön. Dann geben Sie mir das Zimmer. Der Bundespräsident kommt heute nicht!«

Tomatensuppe

In einem Restaurant winkt ein Gast die Bedienung heran. »Herr Ober, probieren Sie bitte die Tomatensuppe!« »Verzeihung, ist sie nicht in Ordnung?« »Bitte, probieren Sie!« »Ich bringe Ihnen selbstverständlich eine neue!« »Probieren Sie, sage ich!« »Hier ist die Speisekarte, mein Herr, bitte, suchen Sie sich doch etwas anderes aus.« »Ich erwarte, dass Sie jetzt endlich probieren!!!« Der Ober gibt auf, setzt sich an den Tisch, sucht und fragt: »Wo ist denn der Löffel?« »Eben!«

Halbes Schnitzel

Die Familie isst im Restaurant. Der geizige Familienvater zum Kellner: »Das halbe Schnitzel, das übrig geblieben ist, packen Sie bitte ein, das nehme ich für den Hund mit!« Jubeln die Kinder: »Prima, Vati kauft uns einen Hund!«

Merkwürdige Tischmanieren

»Mutti, schau mal, der Mann isst seine Suppe mit der Gabel!« – »Pst, sei still!« – »Mutti, Mutti, jetzt trinkt er aus der Blumenvase!« – »Du sollst still sein!« – »Aber Mutti, guck mal, jetzt isst er sogar seinen Bierdeckel auf!« – »Jetzt reicht's mir, gib ihm seine Brille zurück, damit endlich Ruhe ist!«

Die Suppe

Gast: »Herr Ober, meine Suppe ist ja eiskalt!«
Ober: »Kein Wunder, mein Herr, Sie haben sie ja auch schon vor einer Stunde bestellt …«
Gast: »Außerdem schmeckt die Suppe recht seltsam. Bitte schicken Sie mir mal den Koch vorbei.« Der Ober tritt ab und der Koch erscheint.
Koch: »Mein Herr, Sie interessieren sich für meine Suppenrezepte? Sind Sie Hobby-Koch?«
Gast: »Nein, Leimfabrikant!«

Bestellung

Verzweifelt wendet sich ein Gast, der immer wieder auf die Uhr schaut, an den Geschäftsführer: »Entschuldigen Sie bitte, aber könnten Sie vielleicht feststellen, ob der Kellner, bei dem ich mein Tellergericht bestellt habe, noch bei Ihnen beschäftigt ist?«

Das Steak

Der Gast winkt den Kellner an seinen Tisch.
Gast: »Das Steak hier auf meinem Teller ist kaum genießbar. So etwas Zähes habe ich noch nicht vorgesetzt bekommen.«
Kellner: »Da müssen Sie sich schon beim Ochsen beschweren.«
Gast: »Eben, deshalb habe ich Sie doch gerufen!«

Der Salat

Gast: »Herr Ober, in meinem Salat ist eine dicke Raupe.«
Ober: »Ich bitte vielmals um Entschuldigung. Ich lasse Ihnen sofort einen neuen Salat bringen. Und selbstverständlich sind Sie unser Gast!«
Der Ober eilt nach dem neuen Salat. Da zischt ein Gast vom Nebentisch: »Können Sie mir die Raupe einmal ausleihen?«

Halb voll

Gast: »Herr Ober, schauen Sie bitte mal, das Sektglas ist ja nur halb voll!«
Ober: »Verzeihung, mein Herr, aber Sie wollten den Sekt doch halbtrocken.«

Die Fliege in der Suppe

Das geradezu klassische Thema von der »Fliege in der Suppe« darf auch in unserem »Restaurant Patzig« nicht fehlen. Die Antworten auf die immer wiederkehrende Aussage »In meiner Suppe ist eine Fliege« können sowohl als Kurzszene gespielt als auch zu einem längeren Sketsch verbunden werden, indem z.B. mehrere Gäste an verschiedenen Tischen verteilt nacheinander einen (oder mehrere) Kellner rufen und ihre Beschwerde vortragen.

- Beschwert sich der Gast: »In meiner Suppe schwimmt eine Fliege.« »Aber, Sie wissen doch ganz genau, dass Fliegen nicht schwimmen können!«
- »Herr Ober, in meiner Suppe schwimmt eine Fliege!« »Moment, der Koch wird Sie Ihnen in eine Nudel umtauschen.«
- »Herr Ober, in meiner Suppe schwimmt eine Fliege!« »Wie schön, ich kann leider nicht zusehen, ich muss bedienen!«
- »Kellner, was macht die Fliege in meiner Suppe?« »Ich glaube Rückenschwimmen, mein Herr.«
- »Herr Ober! In meiner Suppe schwimmen vier Fliegen!« »Viel Ahnung hab ich ja nicht davon – aber vielleicht handelt es sich um eine Schwimmstaffel!«, erwidert der Kellner.
- »Herr Ober! In meiner Suppe ist eine Fliege!« »Das wird eine Notlandung gewesen sein ... sehen Sie die Bremsspur am Tellerrand ...?«
- »In meiner Suppe ist eine Fliege, Herr Ober!« »Jawohl, mein Herr, mehr können Sie nicht bekommen. Fliegen sind momentan knapp.«
- »Herr Ober, in meiner Suppe ist eine Fliege!« »Nun stellen Sie sich nicht so an, so'n kleines Tier frisst doch nicht viel!«
- »Herr Ober, in meiner Suppe schwimmt eine Fliege!« »Keine Angst, die Spinne wird sie schon fangen!«
- »Herr Ober, in meiner Suppe ist eine Fliege!« »Psst, mein Herr, sonst wünschen sich die anderen Gäste auch noch eine!«
- Junge sagt zum Vater: »Papa, ich muss dir etwas sagen!« »Mit vollem Munde spricht man nicht.« »Papa, ich muss dir aber etwas sagen!« »Mit vollem Munde spricht man nicht!«
  Etwas später. Vater: »So, Felix, jetzt kannst du es mir sagen!« »Jetzt ist es zu spät. Jetzt hast du die Fliege schon verschluckt!«

Nur was ganz Kleines

Neben dem Gast steht der Kellner und empfiehlt verschiedene Gerichte.

»Ich kann Ihnen heute besonders unsere Grillhaxe mit Kraut empfehlen, mein Herr!«

»Nein Grillhaxe will ich nicht, die ist mir zu groß«, murrt der Gast.

Kellner: »Dann vielleicht einen schmackhaften Schweinebraten. Oder Gulasch? Wenn Sie möchten, können Sie auch Spießbraten oder Leberkäse haben.«

Jedes Mal schüttelt der Gast ablehnend den Kopf und erklärt schließlich: »Ich möchte etwas ganz Kleines haben, etwas Pikantes.«

Da ruft der Wirt, der hinter der Theke (während er Gläser abtrocknet) das Gespräch mit angehört hat, dem Kellner zu: »Christian, fang ihm doch 'ne Fliege!«

Klinik Glottertal

Nicht erst seit der »Schwarzwaldklinik« und »Professor Brinkmann« stehen Ärzte, Schwestern, Pfleger und Patienten im Mittelpunkt des Interesses.

Endlich satt

Professor und Assistenzarzt unterhalten sich über einen Patienten.

Professor: »Was macht denn unser Magen von Zimmer 12?«

Assistenzarzt: »Jetzt zwei Tage nach seiner Operation beginnt er vor Hunger zu wimmern. Er darf natürlich nichts essen, das wäre sein Tod. Ich weiß nicht, was ich tun kann?«

Der Professor: »Das werden wir gleich haben.« Er geht zum Bett des Frischoperierten und hypnotisiert ihn. »Sie essen einen Erbsentopf – hm, wie das schmeckt! Wie das schmeckt! Das füllt den Magen!« Der Patient ist gesättigt und glücklich, der Assistenzarzt voller Bewunderung. Nur eines begreift er nicht: »Warum haben Sie ihm nur einen Eintopf suggeriert, wenn das so leicht geht? Warum nicht Rehbraten, ein Wiener Schnitzel, Kaviar?« Der Professor kopfschüttelnd, fragend: »Einem AOK-Patienten?«

Datenerhebung

Patient liegt im Krankenhaus. Ein Mann im weißen Kittel betritt sein Zimmer: »Sind Sie Herr Glawatz?«
»Ja!«
»Wie groß sind Sie?«
»1,78.«
»Und wie schwer?«
»75 Kilo! Aber diese Daten stehen doch schon alle in meinem Krankenblatt, Herr Doktor!«
»Was heißt hier Doktor! Ich bin der Schreiner!«

Rezepte

Zwei Patienten unterhalten sich über die Ärzte. »Finden Sie nicht auch«, meint der eine, »dass die Ärzte ihre Rezepte deutlich schreiben sollten?«
»Das finde ich nicht«, meint der andere. »Mit dem Rezept, das mir der Arzt vor zwei Jahren gab, bin ich ein Jahr kostenlos ins Museum gegangen, ein Jahr mit der Bundesbahn gefahren und jetzt bekomme ich auch noch Frührente und Kleidergeld.«

Entlassungsgespräch

Ein Patient soll endlich geheilt entlassen werden. Doch der Psychiatrieprofessor will ihn noch einmal testen. Also fragt er: »Was passiert, wenn man Ihnen die Ohren abschneidet?«
Patient: »Dann kann ich nichts mehr sehen!«
Ungläubig schüttelt der Arzt den Kopf und behält den Irren weiter in der Anstalt. (Überleitung schaffen: Einige Monate später …)
Die gleiche Prozedur: »Was passiert, wenn man Ihnen die Ohren abschneidet?«
Der Patient: »Ich sag's nun zum letzten Mal: Dann kann ich nichts mehr sehen!«
Nun reißt auch dem Professor der Geduldsfaden: »Ja, zum Donnerwetter, warum können Sie dann nichts mehr sehen?«

Der Patient: »Verdammt, weil mir dann der Hut ins Gesicht reinrutscht, Sie bekloppter Kerl!«

Das Fieberthermometer

Im Krankenhaus bittet eine Patientin während der Visite den Professor: »Könnten Sie mir mal bitte kurz Ihren Bleistift leihen?«
(Professor sucht in seiner Kitteltasche.)
»Ja, gern! Bitte schön!«
»Aber Herr Professor! Das ist ja ein Fieberthermometer!«
»Hm, hm! Wo hab ich denn da bloß den Bleistift stecken gelassen?«

Total normal

Der Psychiater zum Patienten: »Na, Herr Pudlich, was haben wir denn heute?«
»Herr Doktor, ich bilde mir ein, ich sei ein Biskuit!«
»So ein kleiner runder?«
»Ja, genau.«
»Mit einem Loch in der Mitte?«
»Stimmt.«
»Dann sind Sie kein Biskuit, sondern ein ganz normaler Kräcker!«

Rühreier

Ein Mann liegt völlig deprimiert auf der Couch des Psychiaters. »Ach, Herr Doktor«, seufzt er, »meine Familie ist der Meinung, ich sei total verrückt, nur weil ich Rühreier über alles mag.«

»Das ist doch Unsinn, mein Bester. Deswegen ist man doch noch lange nicht verrückt. Ich zum Beispiel mag auch Rühreier.«

Da hellt sich das Gesicht des Patienten auf: »Das ist ja toll, Herr Doktor. Da müssen Sie unbedingt mal vorbeikommen und sich meine Sammlung ansehen!«

Medizin-Examen

Professor zum Examenskandidaten: »So, Herr Schneider, jetzt die letzte entscheidende Prüfungsfrage: Welche Dosis dieses Präparates geben Sie dem Patienten?« (legt ihm ein Arzneimittel vor)
Kandidat: »Einen Esslöffel voll!«
Peinliches Schweigen.
Kandidat: »Ich möchte meine Antwort korrigieren!«
Professor: »Tut mir Leid, Ihr Patient ist seit vierzig Sekunden tot!«
Kandidat: »Bin ich jetzt durchgefallen?«
Professor: »Leider ja.«
Kandidat: »Dann bringe ich mich um. Ich steche mir ein Messer ins Herz.«
Professor: »Da mache ich mir keine Sorgen. Bei Ihren Kenntnissen bin ich sicher, dass Sie gar nicht wissen, wo das Herz sitzt.«

Fußball-WM

Irrenhaus. Ein Patient sitzt vor der Waschmaschine und starrt ins runde Glas. Kommt ein zweiter hinzu: »Na, zeigen sie schon das Weltmeisterschaftsendspiel?«

»Nein, das wird wohl noch ’ne Weile dauern. Im Augenblick zeigen sie gerade, wie die Trikots der Spieler gewaschen werden.«

Kontaktprobleme

Fragt der Psychiater: »Herr Haferbier, worauf führen Sie denn Ihre Kontaktschwierigkeiten zurück?«

Patient: »Das sollst du doch herausfinden, du idiotisches Affenhirn!«

Gute Reise mit »Never-come-back-Airlines«

Keine Angst

Der Flugzeugpassagier ist überängstlich. Immer wieder sorgt er sich, ob er auch heil ans Ziel kommt. »Fliegen ist doch lange nicht so gefährlich wie Autofahren«, tröstet ihn sein Sitznachbar. »Stellen Sie sich vor, was vorige Woche einem Bekannten von mir passierte: Er fuhr ganz harmlos über eine Landstraße – und da fiel ihm aus heiterem Himmel ein Flugzeug auf den Wagen …!«

Startprobleme

Stewardess zu den Flugreisenden: »Meine Damen und Herren, unser Start verzögert sich noch etwas. Bitte haben Sie ein wenig Geduld.«

Über den Bordlautsprecher hören die Passagiere jetzt den Piloten rufen: »Ich starte nicht mit der verdammten Kiste, bis der Motor ausgetauscht wird!«

Kurz danach tritt wieder die Stewardess vor die Passagiere: »Meine Damen und Herren, wir starten in 15 Minuten!«

Ein Fluggast fragt die Stewardess: »Das ist ja unglaublich, so schnell kann man den Motor austauschen?«

Die Stewardess: »Den Motor nicht, aber den Piloten!«

Nur für Schwimmer

Die Stewardess teilt den Passagieren mit: »Meine Damen und Herren, wir befinden uns über dem Atlantik. Lassen Sie sich durch das Brennen der Tragflächen bitte nicht beunruhigen.«

Jetzt gibt der Flugkapitän über Bordlautsprecher Anordnungen: »Meine Damen und Herren, bitte keine Aufregung. Wir werden in wenigen Minuten notwassern. Sie können dann über die Rutschen an den Ausgängen ins Wasser gelangen. Von allen Nichtschwimmern möchten wir uns schon jetzt verabschieden und hoffen, dass Sie einen guten Flug hatten.«

Der gelbe Punkt

Der Flugkapitän an seine Passagiere (während des Sprechens zur Decke sehen): »Bitte schauen Sie auf die linke Tragfläche. Sie brennt. Nun schauen Sie auf die rechte Tragfläche. Sie brennt ebenfalls. Nun schauen Sie hinunter auf das Meer. Sehen Sie dort den kleinen gelben Punkt? Das ist das Rettungsboot, aus dem ich zu Ihnen spreche!«

Das wahre Leben ist komisch

Sketsch – überspitzte Alltagsszenen

Sketsche sind all denen vertraut, die Klassen- und Schulfeste, Spielnachmittage, Feiern, Mitspieltheater, Lagerzirkus und Elternabende planen. Wie schon beim gespielten Witz geht es beim Sketsch (= kurze satirische Szenen) um die Darstellung einer zusammenhängenden Situation. Sketsche sind satirische Einakter von etwa zwei bis acht Minuten. Alles, was zeitlich darüber liegt, ist entweder die gekonnte Ausnahme oder ein Betäubungs- bzw. Schlafmittel für die Zuschauer. Szenen, die zeitlich darunter liegen, lassen sich besser als spritziger »Black-out« darstellen.

Das Thema des Sketsches sind entweder menschliche Schwächen, Missstände, zeittypische Strömungen und Verhaltensweisen oder aktuelle Begebenheiten, die satirisch, witzig oder heiter-ironisch glossiert werden.

Bei der Erarbeitung von Sketschen können wir auf ein Gedankengerüst nicht verzichten. Spielleitung und Darsteller erörtern gemeinsam Thema und Inhalt und legen den jeweiligen Handlungsablauf und die »Zeichnung der Charaktere« fest. Die in der Ideenfindungsphase entwickelten Einfälle der Spieler werden von einem Mitglied der Spielgruppe protokolliert. Sie bilden das Gerüst, den »roten Faden« für das anschließende Spiel.

Je nachdem, wie erfahren die Spielgruppe ist, wird sie Ideen entwickeln und sich für ein Thema entscheiden, das sich in anschaulichen Bildern darstellen lässt. Dafür sollten sich die Spieler zu kleinen Teams von etwa drei bis sechs Mitgliedern zusammenfinden. Neben eigenen Spielideen aus dem Alltag lassen sich Witze, Karikaturen, Anekdoten, Märchen, Zeitungsberichte, Nachrichtensendungen und Kurzgeschichten zu Sketschen und Stegreif-Comedy verarbeiten. Auch das Betrachten von Zeitungs- und Illustriertenfotos, die Menschen in »typischen« Situationen zeigen, kann gute Anstöße und Anregungen geben.

Es ist zu klären, ob sich das Geschehen in einer Spielszene darstellen lässt. Ereignisse, die sich an verschiedenen Orten oder zu verschiedenen Zeiten zutragen, müssen für den Sketsch auf einen einzigen Ort verlegt werden (Einheit von Ort, Handlung und Zeit). Es ist auch zu klären, auf welchen Satz, welche Pointe die Geschichte hinzielt, auf welchen Höhepunkt sie sich zuspitzt. Das Erkennen und Formulieren der Pointe, die Klärung, wie sich Spannung erzeugen lässt, sind Grundlagen für die Szenenfindung.

Der Sketsch steht und fällt mit dem Dialog. Die Personen werden durch Sprechen, Tun und Verhalten (zu anderen) charakterisiert. Die Spieler können sich ihre Rollen selbst wählen. Nach den ersten Proben wird sich zeigen, ob eventuell ein Rollenwechsel sinnvoll ist. Drei Fragen können dem Darsteller helfen, sich mit seiner Rolle zu identifizieren: Wer bin ich (Rolle)? – Wo bin ich (Situation)? – Was will ich (Handlungsaufgabe)?

> Auch beim Sketsch helfen einige Requisiten sowohl dem Darsteller als auch dem Publikum, die Vorstellungskraft zu intensivieren … Wenn es um kabarettartige Szenen geht, können die Requisiten improvisiert werden. Ein bis zwei griffbereite Utensilienkoffer enthalten z.B. Hosen, Jacken, Mäntel, Schirme, Tücher, Brillengestelle, Taschen, Nähzeug und Schminke.

Die alkoholische Gärung

(Chemieunterricht bei Prof. Schnauz)

Auch die Sketsch-Vorschläge beginnen mit dem Thema »Schule«. Sie ist ein ganz besonderer Ort für komische Szenen. Sicherlich früher mehr als heute. Damals konnten Schüler noch echte »Paukertypen« erleben, während Lehrer heute eher als stromlinienförmig von Schülern empfunden werden. Vielleicht freuen wir uns deshalb auch immer wieder über die Figuren der »Feuerzangenbowle«, wo Heinz Rühmann alias Pfeiffer von »Dr. Schnauz« gefragt wird: »Wie heißen Sie?« – »Pfeiffer!« – »Mit wie viel Fs?« – »Mit dreien: Eins vor dem Ei, zwei nach dem Ei!«

Besonders berühmt ist die Filmszene von der »alkoholischen Gärung«. Sie kann übrigens auch im echten Chemiesaal Ihrer Schule gespielt werden. Auf dem Tisch stehen einige Reagenzgläser und ein Bunsenbrenner …

Darsteller sind »Professor Crey genannt Schnauz« und etwa zehn Schüler. Natürlich kann eine ganze Klasse beteiligt werden. Schnauz trägt einen schwarzen Anzug, Vatermörder, graue Perücke und Spitzbart, Nickelbrille. Die Schüler tragen Vaters »kurze Hosen« und Mittelscheitel.

Prof. Schnauz (spricht »ä« und »ö« statt »i« und »e«): »Wär sprächen heute öber dä alkoholösche Gärung. Als Onterrichtsmättel habe äch Ähnen meinen sälbst gemachten Heidelbärmost mätgebracht. Sö dörfen alle etwas probören, aber nur einen wönzigen Schlock!«

Die Schüler stubsen sich kichernd an und marschieren dann im Gänsemarsch am Lehrerpult vorbei, um ihren »Probierschluck« abzuholen. Da anschließend in der Klasse immer mehr Unruhe aufkommt, wird Schnauz aufmerksam.

Schnauz: »Pfeiffer, Sä gäben nöcht acht. Wöderholen Sä: Was värstäht man unter alkoholöscher Gärung?«

Pfeiffer (erhebt sich umständlich): »Also die alkoholische Gärung – oder vielmehr die Gärung des Alkohols – sie erzeugt Alkohol – d.h., also der Alkohol erzeugt Gärung – so genannte alkoholische Gärung«.

Schnauz: »Pfeiffer, Sä faseln!«

Pfeiffer: »Der gärende Alkohol fängt an zu faseln, fängt an, in die faselnde Gärung überzugehen, so entsteht Heidelbeerfasel – äh Fusel.«

Schnauz: »Was äst denn los mät Ähnen? Äst Ähnen nächt got? Dann sätzen Sä säch! Hosemann, fahren Sä fort!«

Hosemann (mit todernstem Gesicht, leicht schwankend): »Man kakakann den Wein mit A-a——A-a—— ich kokomme ninicht auf das Wort.«

Schnauz: »Hosemann, seit wann stottern Sä?«

Hosemann: »Ich stostottere doch gagagar nicht. Aaaber mimir dreht sich a-a-alles vor den Au-Augen.«

Schnauz (zunehmend beunruhigt): »Dann gähn Sä mal schnällstens an dä fräsche Loft! Äst sonst noch jämandäm öbel?«

Ein Schüler meldet sich, bringt aber kein Wort heraus, sondern beginnt heftig zu würgen. Dem Schnauz steht der Schweiß auf der Stirn, er wischt sich nervös die Stirn.

Mümmel (springt auf, läuft nach vorn und fällt Schnauz um den Hals): »Der Wein – hicks – ist famos – hicks. Mein liebes Schnäuzelchen, den saufen wir jetzt – hicks – aus!«

Alle fangen nun an zu grölen, torkeln, grunzen oder brüllen. Mit fassungslosem Entsetzen blickt Schnauz auf seine Klasse. Schnauz (hebt an zu sprechen, muss erneut ansetzen und spricht dann mit zittriger, leiser Stimme): »Aber, aber, meine läben Schöler, äch weiß gar nächt, was das zo bädeuten hat. So ätwas äst mär noch nä passärt. Bätte, bägäben Sä säch leise aus däm Scholzämmer, gähen Sä nach Hause, lassen Sä säch eine starke Tasse Kaffee brauen, und ärholen Sä säch rasch!« (Verlässt völlig aufgelöst das Klassenzimmer. Die Schüler stürmen unter Hurrageschrei aus dem Raum.)

(Aus: Die Feuerzungenbowle. Kultfilm 1944, nach dem Roman von Heinrich Spoerl.)

Diese Szene lässt sich von den Spielern beliebig ausbauen, verändern und verlängern.

Abschied

Der alte Bäckermeister liegt auf dem Sterbebett. Fast schon bewusstlos, ruft er einen nach dem anderen aus seiner Familie, um Abschied zu nehmen.
»Bist du da, Hildegard?«
»Ja, Georg«, sagt seine Frau.
»Und meine Kinder? Arno und Kuno?«
»Ja, Vater, wir sind bei dir!«
»Und Schwesterherz Anna?«
»Aber natürlich, Georg«, erwidert seine Schwester.
»Und unser Nesthäkchen Guildo?«
»Ich bin hier, Großvater!«
Da richtet sich der Sterbende auf und fragt keuchend: »Verdammt, und wer steht jetzt in der Backstube und im Laden?« Er regt sich derart auf, dass er nach Luft ringt, zurückfällt und das Zeitliche segnet.

Seine Familie berät jetzt sogleich, wie sie ihn unter die Erde bringen sollen.

Seine Frau Hildegard: »Papa war einer der bekanntesten Bäcker in der Stadt. Er sollte ein großes Begräbnis bekommen!«

Sohn Arno hält dagegen: »Er war aber auch äußerst sparsam und einfach. Ich denke, deshalb sollte auch die Beerdigung einfach sein.«

Sohn Kuno gibt zu bedenken: »Vater hatte aber auch ein Herz für die Armen. Jede Woche durften sie sich Brot- und Kuchenabfälle bei ihm abholen. Deshalb sollte er ein Armenbegräbnis erhalten!«

Da erhebt sich der vermeintlich Verstorbene aus dem Bett und knurrt: »Papperlapapp, ich gehe zu Fuß zum Friedhof!«

Überdreht

Eine Frau kommt in eine exklusive Geschenkboutique. Eine Verkäuferin geht ihr entgegen und spricht sie an:
»Guten Tag! Kann ich Ihnen helfen?«

»Das werden wir sehen … ich benötige ein ganz besonderes Geschenk.«
»Oh ja. Da sind Sie bei uns genau richtig. Für wen soll es denn sein?«
»Das ist es ja – es ist für einen jüngeren Herrn. Es muss etwas ganz Originelles sein und trotzdem praktisch.«
»Wie wäre es denn mit einer wunderschönen Krawatte? Wir führen eine große Auswahl an …«
»Eine Krawatte? Wo denken Sie hin! Mein Freund ist Künstler; er trägt keine Krawatten!«
»Ein Künstler also! Vielleicht malt er? Dann hätten wir hier eine ganz edle Staffelei. Wie gefällt Ihnen die?«
»Gar nicht. Mein Freund ist kein Maler.«
»Ist er vielleicht ein Musiker? Dafür haben wir sehr schöne verzierte Notenständer aus edlen Hölzern …«
»Um Himmels willen, Ideen haben Sie! Mein Freund ist doch kein Musiker! Mein Freund schreibt. Gedichte!«
Langsam wird es der Verkäuferin zu bunt.
»Ach so. Gedichte!«, sagt sie
»Genau«, sagt die Frau affektiert. »Er ist ein begnadeter Dichter und Schriftsteller.«
Nachdem sie kurz nachgedacht hat, bückt sich die Verkäuferin und holt unter dem Verkaufstresen etwas hervor.
»Dann weiß ich, was Sie ihm schenken sollten. Hier ist es: originell und äußerst praktisch. Ein großer Papierkorb!«

Der Lottogewinn

Familie Schlawinski hat im Lotto fünf Richtige erzielt und 9.400 Euro gewonnen. Es findet ein großer Familienrat statt. Es wird gesprochen über: groß Ausgehen, Reise machen, neues Moped kaufen, Stereoanlage, Waschmaschine, neuer Mantel für Mutti, Zuschuss zu Omas neuen Zähnen, Vater wünscht sich ein anderes Auto, Sohn Detlef möchte ein Handy mit Freischaltung … (Die Wünsche werden von den einzelnen Familienmitgliedern jeweils näher begründet.)

Es klingelt an der Tür. Die Mutter schaut nach, kommt mit einem Brief zurück und öffnet ihn. Sie sagt: »Post vom Finanzamt.

Es geht um eine Steuernachforderung von 9.397 Euro.« Der Vater steht kopfschüttelnd auf und sagt: »Na, dann werd ich mir jetzt mal für 3 Euro Zigaretten holen!«

Der Computer

Material: 1 großer Karton, Verkleidungsutensilien

Für diesen kleinen Zwei-Personen-Sketsch benötigen die Spieler einen großen Karton bzw. Schrank oder eine Stellwand, die als Computer/Automat bemalt bzw. beklebt sind (Lautsprecher, Knöpfe, Münzeinwurf). Im Karton bzw. Schrank befindet sich ein Mitspieler. Das Spiel kann beginnen.

Lautsprecher: »Hamburg Hauptbahnhof.«

Sepp Zwetschgenhuber ist zum ersten Mal in der Großstadt, in Hamburg. Er geht suchend durch die Bahnhofshalle, bleibt dann vor einem großen Computer-Automaten stehen.

Der Automat: »Bleiben Sie einen Augenblick stehen! Ich weiß alles! Testen Sie mich!«

Der bayerische Tourist wirft eine Münze ein und fragt dann den Computer: »Wie heiße ich? Woher komme ich? Wer bin ich? Wann geht mein letzter Zug zurück?«

Der Computer schnarrt, rumort, piept mehrmals und antwortet da: »Sie heißen Sepp Zwetschgenhuber. Sie kommen aus Hinteroberunterammergau. Sie sind Bauer von Beruf. Ihr letzter Zug geht um 22.16 Uhr.«

»Donnerwetter!«, sagt Sepp. Er ist beeindruckt, vermutet jedoch beim Weitergehen: »Der Kasten da hat mich an meiner Kleidung erkannt, wahrscheinlich auch noch mit irgendsoeinem modernen Scannerzeugs meine Fahrkarte gelesen und meinen Dialekt identifiziert.« Sepp verlässt den Bahnhof. Am Abend kommt er zurück. Sepp hat sich wie ein Matrose ausstaffiert. Dem Computer stellt er jetzt in Hamburger Mundart die gleichen Fragen. Der Computer schnarrt, rumort, piept dreimal und verkündet dann: »Sie heißen Sepp Zwetschgenhuber. Sie kommen aus Hinteroberunterammergau. Sie sind Bauer von Beruf. Und Ihren letzten Zug haben Sie durch Ihren neckischen Scherz jetzt gerade verpasst.«

Der Unterschied

»Du, Papa«, fragt Jörg: »Was ist der Unterschied zwischen höflich und unhöflich?«
»Das ist doch einfach! Am besten mache ich es dir einmal vor!«
Papa holt das Telefon. »Denk dir mal eine Telefonnummer aus!«
»Hmm … 47 11 08.«
»Gut.« Papa wählt und lässt Jörg mithören.
Am anderen Ende meldet sich: »Schmidt!«
»Guten Tag, Herr Schmidt«, sagt Papa. »Könnte ich bitte Ihren Sohn Hans sprechen?«
»Das tut mir Leid, da müssen Sie sich wohl verwählt haben. Ich habe keinen Sohn, der Hans heißt!«
Papa legt den Hörer auf und sagt zu seinem Sohn Jörg: »Siehst du, das war höflich.« Er wählt noch einmal die 47 11 08.
»Schmidt!«
»Guten Tag, ist Hans da?«
»Hier wohnt kein Hans. Das habe ich Ihnen eben schon gesagt! Jetzt hören Sie gefälligst auf, hier anzurufen, Sie blöder Esel!«
Papa legt auf und sagt zu Jörg: »Und das war unhöflich. So einfach ist das!«
Jörg ist tief beeindruckt.
»Aber weißt du auch, was gemein ist?«
Als Papa mit dem Kopf schüttelt, wählt Jörg nochmals dieselbe Nummer. Als Herr Schmidt sich wieder meldet, sagt Jörg mit verstellter Stimme:
»Hallo Papa, hier ist Hans. Hat jemand für mich angerufen?«

Im Park

Eine alte Dame strickt auf der Parkbank, ist glücklich, schaut sich hin und wieder freundlich um. Ein junges Paar kommt, tauscht ungeniert Zärtlichkeiten aus. Die alte Dame nuschelt empört Kommentare vor sich hin, z.B.: »Können sich nicht benehmen … wie die Wilden im Urwald … zu meiner Zeit … na ja, mit der Moral geht's immer weiter den Berg runter … dass es hier im Park keine Sittenpolizei gibt … einfach unerträglich …«

Ein ziemlich heruntergekommener Gammler macht sich breit. Die alte Dame reißt aus. Dem Pärchen wird es schließlich auch zu ungemütlich, da sich der Gammler ständig juckt, an seinem Körper herumsucht, sich kratzt, rülpst und schmatzt. So nimmt der Gammler die Bank ganz allein für sich in Besitz. Er reckt und streckt sich genüsslich und sagt dann: »Läuse und Flöhe hab ick keene, doch ne Bank für mich alleene!«

Im Louvre

Eine komische Pantomime. Neben zwei Stühlen steht ein Sockel (noch ist er leer). Der Museumswächter macht seinen Rundgang, kehrt etwas den Fußboden, stellt seinen Besen ab und geht wieder. Eine zwielichtige Gestalt (vielleicht ein Bilderdieb?) kommt, nimmt den Besen, hält ihn hoch, hantiert damit herum, als wolle er etwas von der Wand schieben. Plötzlich kommt der Museumswächter zurück. Schnell springt die Gestalt auf das Podest und stellt eine Statue dar mit Besen in der Hand. Der Museumswächter sucht ein Weilchen, betrachtet das Standbild, setzt sich dann auf den Stuhl und isst, während er sein Botpaket aufgepackt neben sich auf den zweiten Stuhl legt. Die »Statue« beugt sich herab, nimmt das letzte Stück Brot und isst es auf. (Bevor dies gelingt, sollte es mehrere Versuche geben, da sich die »Statue« immer wieder in Positur stellen muss, weil sich der Wächter umdreht.)

Wieder sucht der Museumswärter. Immer wenn sein Blick die Statue streift, steht sie unbeweglich. Der Wächter geht. Das Standbild bewegt sich und steht danach in einer anderen Haltung, als der Wächter überraschend wieder erscheint und mit einem Staubwedel die »Statue« abstaubt. Dabei fuchtelt er der Gestalt vor der Nase herum, dass diese wiederholt kräftig niesen muss. Der Wächter entdeckt nun, dass er sich getäuscht hat, erwischt aber nicht mehr den vermeintlichen Bilderdieb, der schnell davonläuft.

Gemüsesuppe

Jutta ist heute bei ihrer Freundin Gabi zum Mittagessen eingeladen. Es gibt eine leckere Gemüsesuppe. Doch Jutta rührt sie nicht an.

Gabi sagt: »Los, Jutta, iss doch! Die Suppe schmeckt gut!«
»Ich kann nicht.«
Gabi fragt fürsorglich:
»Hast du vielleicht schon gegessen?«
»Nein, hab ich nicht.«
»Magst du keine Gemüsesuppe?«, fragt Gabi nach.
»Doch, sehr sogar!«
»Hast du Bauchweh? Ist dir schlecht?«
»Nein.«
»Hast du irgendwelche Sorgen, kann ich dir helfen?«
»Nein, hab ich nicht.«
»Machst du wieder eine Diät? Dann ist doch Gemüsesuppe genau das Richtige für dich!«
»Nein, daran liegt es auch nicht!«
Jetzt weiß Gabi auch nicht mehr weiter: »Verdammt, warum isst du dann nicht? Gleich ist die Suppe ganz kalt!«
Da heult Jutta los: »Aber ich hab doch keinen Löffel!«

Wissensdurst

Kalle (mit Pudelmütze) geht mit seinen Eltern spazieren.
»Papa, schau, was ist das für ein Baum?«, fragt er.
»Das weiß ich nicht«, sagt Papa.
»Papa, wie viel Volt hat so eine Hochspannungsleitung?«, will Kalle wissen.
»Weiß ich nicht«, sagt Papa.
»Papa, wie viel Sprit verbraucht so ein Flugzeug in der Stunde?«, fragt Kalle.
»Keine Ahnung«, sagt Papa.
»Papa, sind Krabben und Krebse das Gleiche?«
»Woher soll ich das wissen?«, erwidert Papa.
»Papa, guck mal, fliegen da Graugänse oder Möwen?«
»Weiß ich nicht!«
»Kalle, jetzt lass doch den Papa endlich in Ruhe«, sagt die Mutter schließlich.
Aber da protestiert der Papa: »Lass den Jungen doch fragen! Sonst lernt er ja nie etwas!«

Äußerst kultiviert

Ein aufgeblasener Angeber führt seine neue Freundin in ein sehr vornehmes Restaurant zum Essen aus. Um ihr zu zeigen, dass er ein Mann von Welt und äußerst kultiviert ist, schikaniert er den Kellner.

»Als Vorspeise nehmen wir Hummerkrabben und Schnecken auf Kräuterbutter, aber bitte nur mit einem winzigen, kaum zu spürenden Hauch Knoblauch. Dazu einen gut gekühlten, trockenen Chardonnay. Dann als Hauptgang Rindersteaks – die müssen natürlich noch rosig sein! –, Kartoffelkroketten und junges Frühlingsgemüse au beurre. Anschließend vielleicht noch einen leichten Salat – nur ein paar Blättchen für den Geschmack! – mit einer Vinaigrette aus Balsamessig und Olivenöl, und als Wein können Sie mir vielleicht einen Roten Mouton Rotschild aus den frühen 50ern empfehlen – wohl temperiert, vollmundig, rassig und doch von samt-elegantem Körper!«

Der Kellner hat alles notiert und verbeugt sich: »Haben der Herr bezüglich der Zahnstocher einen besonderen Wunsch? Jugendstil vielleicht – Art déco – oder darf es etwas Postmodernes sein?«

Viel beschäftigt

Ein neu zugelassener Rechtsanwalt hat seine Kanzlei im vornehmsten Viertel der Stadt eröffnet. Das Einzige, was schon seit längerem fehlt, ist die Rat suchende Klientel. Nach Tagen des zermürbenden Wartens erspäht er endlich einen Mann, der auf sein Büro zugeht. Eilig ergreift der Anwalt den Telefonhörer und beginnt zu sprechen: »Ja, hallo! Was haben Sie gesagt? Unsere Einlassung sei für Sie sehr überzeugend gewesen? Das halte ich zwar für etwas übertrieben, aber …« Leutselig winkt er den Besucher mit der freien Hand herein. »Schön. Vor Gericht erscheinen wir natürlich nicht selbst. Das erledigen unsere Assistenten. Aber sicher, das sind auch sehr kompetente Anwälte. Den Fall haben wir praktisch schon in der Tasche. Morgen zurückrufen? Nein, das geht nicht, wir müssen einen Termin in Frankfurt und anschließend einen in London wahrnehmen. Aber machen Sie sich keine Sorgen. Ihre Angelegenheit ist in besten Händen. Besprechen Sie doch bitte alles Weitere mit unserem Sekretariat.«

Der junge Anwalt legt auf und wendet sich dem Besucher zu: »Und was kann ich für Sie tun?« – »Nichts weiter«, antwortet der Mann. »Ich komme von der Telekom und soll Ihr Telefon anschließen.«

Ganz schön patent

Ein Mann betritt das Patentamt. Er hält ein Paket unter dem Arm.

»Guten Tag! Ich möchte gerne bei Ihnen meine Erfindung anmelden. Es handelt sich um die perfekte Fliegenfalle.« »Na, dann wollen wir mal sehen«, erwidert der Beamte. »Zeigen Sie mir doch mal Ihre Fliegenfalle.«

»Aber selbstverständlich«, sagt der Erfinder, stellt sein Paket vorsichtig auf dem Schreibtisch ab und packt es behutsam aus.

»Die Grundidee ist recht simpel und gerade deshalb so unglaublich genial. Sehen Sie diesen gefüllten Wassereimer? Ich habe einen Stock quer darüber gelegt. Schauen Sie nur, diesen Stock habe ich mit Himbeermarmelade und Seife eingeschmiert, ja – und fertig ist die Fliegenfalle!« Der Beamte runzelt leicht irritiert die Stirn. »Und wie funktioniert sie nun?«

»Das geht folgendermaßen. Der Duft der Himbeermarmelade lockt die Fliege an. Können Sie mir folgen?«

»Ja, schon …«

»Die Fliege setzt sich auf den Stock, um zu naschen. Nachvollziehbar?«

»Nachvollziehbar.«

»Wenn sie sich auf den Stock setzt, rutscht sie auf der glatten Seife aus, landet im Wasser und ertrinkt! Ist doch logisch, oder?«

»Eigentlich schon. Aber warum haben Sie im Eimer dann noch diese kleine Leiter angebracht?«, fragt der Beamte, der die Erfindung noch immer nicht so ganz verstanden hat.

»Tja, die Leiter ist der absolute Clou am Ganzen! Nehmen wir einmal an, die Fliege kann schwimmen. Was wird sie wohl tun …? Richtig, sie wird versuchen, sich auf die Leiter zu retten.«

»Ja, aber dann kann sie doch entwischen!«, mutmaßt der Beamte.

»Und genau das kann sie eben nicht!«, triumphiert der strahlende Erfinder. »Die letzte Sprosse ist nämlich unauffällig angesägt!«

Bauarbeiten

Klaus und Jochen heben auf der Baustelle einen Graben aus. Sie beschweren sich lauthals über die Schinderei und schielen neidisch nach dem Polier, der oben die Aufsicht führt. Schließlich klettert Klaus aus dem Graben und geht zu ihm. Er jammert: »Das ist doch ungerecht! Wir müssen da unten schippen, und du vergnügst dich hier oben, tust nicht viel und kriegst mehr Lohn als wir. Wieso eigentlich?« – Der Polier: »Weil ich der Boss bin. Und ich bin der Boss, weil ich etwas auf dem Kasten habe und ihr nicht.« – Klaus ist empört: »Willst du damit sagen, dass wir bekloppt sind?« – »Genau das, und ich werde es euch beweisen«, erwidert der Polier und legt die Hand flach an einen Baum. »So, jetzt hau mal kräftig auf meine Hand.« – Klaus holt zu einem gewaltigen Schlag aus und – trifft den Stamm, denn blitzschnell hat der Polier die Hand weggezogen. – Der Polier höhnt: »Siehste? Total bekloppt. Und nun runter mit dir an die Arbeit!« – Klaus verbindet sich mit einem Taschentuch die Hand und klettert in den Graben zurück. – »Na, was war?«, fragt Jochen. – »Ich weiß jetzt, warum wir hier unten schippen müssen und er da oben die ruhige Kugel schiebt – weil wir nämlich bekloppt sind. Und du bist noch bekloppter als ich, weil ich eben was gelernt habe und du nicht. Aber komm, ich zeige dir den Trick.« Klaus hebt die unverletzte Hand und legt sie flach auf sein Gesicht. »Los«, befiehlt er Jochen, »hau mal, so stark du kannst, auf meine Hand.«

Entwicklungshilfe

Beim Auswärtigen Amt in Bonn gibt es einen großen Empfang. An der Tafel sitzt auch ein afrikanischer Diplomat. Seine Tischnachbarn bemühen sich neugierig um ein Gespräch.

»Du da«, sagt der, der rechts neben dem afrikanischen Gast sitzt, und zeigt mit der Gabel auf dessen Teller.

»Happa-happa gut?«

Der Gast nickt freundlich und antwortet: »Gut!«

Nun spricht ihn sein Nachbar zur Linken an: »Gluck-gluck auch gut?«, und deutet auf den Wein. Mit einem höflichen Kopfnicken versichert der Afrikaner: »Auch gut!«

Nach dem Essen halten einige Gäste Ansprachen, unter ihnen – zur Überraschung seiner Tischnachbarn – auch der Gast aus Afrika, und zwar in erlesenstem Hochdeutsch:

»Herr Minister, meine sehr verehrten Damen und Herren, ich danke Ihnen im Namen meines Landes ganz herzlich für die großzügige Unterstützung, die Sie uns beim Bau der neuen Universität gewährt haben. Im Bereich der Kybernetik und in unseren Bemü-

hungen, die Abteilung Kymographie an der Medizinischen Fakultät zu etablieren, verfügen wir jetzt über exorbitante Forschungsmöglichkeiten. Dafür nochmals meinen herzlichsten Dank.«

Als er wieder Platz nimmt, fragt er seine verdutzten Tischnachbarn: »Na, Bla-bla gut?«

Ein bisschen Bosheit gehört dazu

Kabarett – Fokussieren, Karikieren, Pointieren

Irgendjemand bezeichnete das Kabarett einmal als »die humorvolle Kunst, in einer aalglatten Gesellschaft anzuecken«. Humor kann wirklich eine recht wirksame »Waffe« sein, wenn sie sich gegen scheinbar sehr »ernste« Verhaltensweisen richtet und sie als groteske Stereotypen entlarvt.

Wir kennen das Kabarett als Kleinkunstbühne, deren Darbietungen aus Sketschen, Black-outs und satirischen Liedern bestehen. Meist setzt sich das Kabarett zeit- und sozialkritisch mit gesellschaftlichen Zuständen und politischen Ereignissen auseinander. Mit Witz, Humor, Glosse und Ironie werden in dieser Kleinkunstform meist aktuelle Geschehnisse und Begebenheiten aufgegriffen, die dem Publikum bekannt sind oder mit denen es bekannt gemacht werden soll. Insofern benötigt das Kabarett ein Publikum, das mitdenkt und geistig beweglich ist.

Das Kabarett selbst sollte aus fünf bis sieben männlichen und weiblichen Spielern bestehen, die in der Lage sind, zu einem Ensemble mit gleicher Zielrichtung zusammenzuwachsen. Spielerische Erfahrungen des Einzelnen sind wünschenswert, da im Kabarett mehr verlangt wird als im Laienspiel. Jeder einzelne Akteur muss kurz hintereinander in verschiedene, nicht selten gegensätzliche Rollen einsteigen; zudem muss er in der Lage sein, ein Lied halbwegs sauber und klangvoll zu singen. Wenn sich eine feste Gruppe zu einem Kabarett-Ensemble zusammenfindet und öffentlich auftritt – also sich einem Publikum stellen möchte –, wird sie sich auch einen originellen wie einprägsamen Namen zulegen.

Ein etwa 70 bis 90-minütiges Programm enthält unterschiedliche satirische Szenen und Darbietungen, wobei jedoch ein »roter Faden« zum Gesamtthema durch die ganze Veranstaltung läuft.

Die Elemente des Kabaretts sind:

- Opening (Auftrittslied oder Wortbeitrag) mit Leitmotiv,
- Sketsch: besondere Situation des täglichen Lebens mit unerwarteter Schlusspointe,
- Chanson: gesungene Ballade,
- Black-outs: oft gleich mehrere hintereinander gespielte Witze,
- Song: hart, kraftvoll, rhythmisch, betont,
- Couplet: humoristischer Sologesang mit stereotyp wiederkehrender Redensart als Verbindung einer Vielzahl von menschlichen Situationen mit grotesk-komischer Wirkung,
- Moritat: Bänkelgesang mit viel Pathos,
- Quodlibet: Montage aus Liedern/Liedparodien,
- Sprechchor: Soli, Gruppen- und Gesamtchor,
- Finale: Bilanz des kabarettistischen Nummernprogramms (Auftritt der Gesamtgruppe).

Die verschiedenen Elemente lassen sich bis auf Opening und Finale beliebig verschieben.

Das Thema des Programms ist somit gleichzeitig Leitgedanke für die einzelnen Spielszenen. Die Dialoge müssen stimmen, d.h., Rede und Gegenrede sind pointiert und folgen Schlag auf Schlag.

Themen finden sich immer. Die Tagespresse, Illustrierte, Rundfunk und Fernsehen sind der beste Ideenlieferant für ein Kabarettprogramm. Kommentare, Nachrichten und Notizen lassen sich durchleuchten und zu Monologen oder Dialogen verarbeiten.

Die Bedeutung des Jugendkabaretts liegt in der konstruktiven Auseinandersetzung mit anderen Meinungen und der Förderung der Kritikfähigkeit. Die Spieler üben ihre sprachlich-mimisch-gestische Ausdrucksfähigkeit und können ihre Vorstellungen zusammen mit anderen verwirklichen. Jugendliche können scharfe und direkte Beobachter sein. Das Jugendkabarett sollte sich nicht ausschließlich die »große Politik« zum Thema machen, sondern sich vorrangig mit den Schwächen und Missständen im eigenen Lebensumkreis beschäftigen. Die Texte sollten die Jugendlichen unbedingt selbst schreiben. Dabei sollten Wahrheitsliebe, Humor und Takt für einen Kabarettisten selbstverständlich sein.

Als Denkanstöße bzw. Themenvorschläge für Kabarett-Programme bieten sich z.B. an:

- Dauerwürste – Fernsehserien im Visier
- Hand in Handy – Oh, wie sind wir wichtig!
- Frauenschicksale – Männerschicksale: Geschlechterkampf zwischen Alltag und Albtraum
- Kindergarten-Domina: Aus dem Alltag einer Erzieherin
- Fleischgewordene Kaufkraft: Kinder als Konsumenten
- Organhandel im Secondhandshop
- Mit Reiseleiter »Ossi West« durch »blühende Landschaften«
- Inge Meisel sucht ihre Todespille
- Talkshow aus Jammertal: Wo steckt Margarete Schreinemakers?
- Von »Piep, Piep, Piep«, Sauerkraut und Volksmusik, Schlager und Lebensgefühl
- Die Schönen und die Superreichen: Neues aus Silikon-Valley
- Wohin mit den Beziehungskisten?
- Häuptling »Lispelzunge«: Das literarische Quartett
- Wir sitzen alle im selben Boot: Von großen Absahnern und dem »Kleinen Mann«
- Bieldung fir ale – Geschichten um die neuen Rechtschreibregeln

Die Qualität des Programms, das von einer festen Spielgruppe erarbeitet wird, hängt von verschiedenen Gesichtspunkten ab:

- Die einfachste und zugleich wichtigste Forderung an die Darsteller beim Spiel ist Deutlichkeit: beim Spiel gesehen, gehört und verstanden zu werden.
- Die Spieler müssen deutlich und klar sprechen können und ihre übernommene Rolle sofort verkörpern. Damit beim Publikum der »Groschen« nicht zu spät fällt, müssen die Pointen sitzen.
- Ähnlich wie die Schlagzeile einer Zeitung muss der Programmtitel treffend sein.
- Die verschiedenen Elemente des Kabaretts sollten in einem Programm zum Tragen kommen. Optische und akustische Angebote müssen sich ebenso abwechseln wie heitere und ernstere. Je nach Darstellerzahl lösen sich dabei Solo-, Duo-, Trio- und Ensembledarbietungen ab.

- Die Kabarett-Nummern werden mit Tempo angeboten. Bevor sich die Spielgruppe an ein ganzes Programm wagt, wird sie sinnvollerweise erst einmal einzelne Szenen ausprobieren und an einem Gruppennachmittag oder auf einem Bunten Abend vorstellen.
- Der Raum sollte eine gewisse Gemütlichkeit und Intimität ausstrahlen, da das Kabarett Geselligkeit verlangt.
- Das Kabarett begnügt sich mit wenigen Ausstattungselementen. Als Bühne reicht eine mit Vorhängen oder Stellwänden abgegrenzte Spielfläche. Die Dekoration muss leicht transportabel sein. Für Requisiten, Möbel und Kostüme gilt: So wenig wie möglich!
- Die Beleuchtung muss besonders hell sein, damit das Publikum die Mimik der Akteure gut verfolgen kann.
- Ein wichtiges Element des Kabaretts ist die Musik. Auf sie sollte nicht verzichtet werden. Wenn es kein Mitglied gibt, das ein Instrument beherrscht, wird die Technik (Kassettenrekorder) eingesetzt.

»Die Kleinkunstbühne«, schrieb T. Budenz treffend, »lebt von einer raffinierten Primitivität. Raffiniert, weil diese Primitivität gekonnt sein muss. In ihrem Stil ähnelt sie dem totalen Theater des Kindes, dem ein Stück Holz zur Puppe, ein Stuhl zum schnellsten Auto der Welt wird.« Für den bekannten Kabarettisten Werner Schneyder ist »Kabarett die szenische Darstellung von Satire und Satire die artistische Ausformung von Kritik«. Und in Anlehnung an die Überschrift dieses Kapitels soll ein Zitat von Thomas Babington McCanlay unser Schlapplachtheater augenzwinkernd schließen: »Ohne ein bisschen Bosheit kann man unmöglich witzig sein.«

Literaturverzeichnis

Batz, M./Schroth, H.: Theater zwischen Tür und Angel. Reinbek 1983.
Broich, J.: Rollenspiel mit Erwachsenen. Reinbek 1980.
Budenz, T./Lutz, E.: Das Fünfzehnminutentheater. München 1976.
Guggenmos, J.: Theater, Theater. Recklinghausen 1974.
Müller, R. (Hrsg.): Spiel und Theater als kreativer Prozess. Band 2. Berlin 1972.
Pörtner, Paul: Spontanes Theater. Köln 1972.
Reinert, G.-B. u.a.: Das darstellende Spiel in der Schule. München 1976.
Rissmann, H.: Kabarett mit Jugendlichen. Tübingen 1966.
Scholz, R./Schubert, P. (Hrsg.): Körpererfahrung. Reinbek 1982.
Spiegler, N.: Das Leben spielen. Gütersloh 1978.
Thiesen, P.: Drauflosspieltheater. Weinheim ^{3}1993.
Thiesen, P.: Kreatives Spiel mit Kindern, Jugendlichen und Erwachsenen. München/Köln ^{7}1997.
Thiesen, P.: Freche Spiele – Starke Spielideen gegen Frust und Lustverlust in Schule, Jugendarbeit und Erwachsenenbildung. Weinheim ^{2}1997.